グルメ力《りょく》

あなたはどこまで知っていますか?!

平田 陽一郎 著・絵
Hirata Youichirou

文芸社

はじめに

この本のタイトルにした「グルメ力」の意味を、まずあなたにご説明したい。

『「グルメ力」とは、食べ物、飲み物、飲食店に関わる知識や情報を多く有し、料理、食事、食べ物、飲み物の味わいが見分けられる能力を表す言葉』としてタイトルにした。

ご説明した「グルメ力」を身につけると、料理や食べ物の真の味わいがわかる。真の味わいがわかると、食べることをより楽しめる。私は『「グルメ力」は人生を豊かにする』と考えている。この「グルメ力」をこれからお伝えしようと思う。

この本を手に取ってくださっているあなたが楽しく読めるように、多くの挿し絵をのせて創作した。わかりやすく記したので、「グルメ力」を身につけたいとお思いでも、食べることを単に満喫したいとお思いでも気軽にご覧いただきたい。
また、掲載した情報はビジネスにも役立つと確信している。私は長い間ビジネスマンとして仕事をしていたので、その経験から**「グルメ力」はビジネスツールになる**と考えている。ぜひビジネスにもご活用ください。

あなたにお届けする「グルメ力」は、9のテーマと、6のジャンルのおすすめ店である。テーマのおわりには、内容をまとめた「一口まとめ」を掲載したので、要点をお知りになりたい折はご利用ください。

9のテーマは、「グルメ力初級編」「グルメ力中級編」「グルメ力上級編」の3編に分類した。3編の内容については後ほど改めてご説明したい。

6のジャンルのおすすめ店は私が厳選したものだ。選んだ基準は味わいの他、調理や食材に対するこだわり、そして、飲食店であれば居心地の良さなどである。一度食べたら、『また食べたい！』と思う料理や食べ物を提供している店だ。各地のいろいろなジャンルの店を選んでおり、これも後ほどご説明しようと思う。

私は、東京、大阪、名古屋、神戸、横浜、三重で仕事をし、暮らしてきた。これらの地域のうち、特に東京、大阪、名古屋の「食べ物」「暮らし」「気質」「言葉」に関わる違いとそれぞれの良さを皆様にお伝えしたいと思い、『ココが違う！　東京 大阪 名古屋 あなたはどこまで知っていますか?!』と『続 ココが違う！　東京 大阪 名古屋 あなたはどこまで知っていますか?!』の2冊の本を出版した。

出版後、読者の皆様方から『食べ物のことをもっと知りたい』とのご意見を多くいただいた。また、『東京、大阪、名古屋だけではなく、対象地域を全国に広げて欲しい』とのご要望もいただいた。このようなご意見やご要望を頂戴したので、いろいろな食べ物や飲み物に関わる本を創作しようと思い、改めて各地に出かけた。訪ねた飲食店や和洋菓子店、食品販売店の店主さん、オーナーさん、シェフさん、社長さん、女将さん、店員さん、食品製造会社や酒蔵の社長さん、社員さんから貴重なお話を伺うとともに、多くの文献や書物も調べた。

このようにして私が得た知識や情報をまとめてこの本にした。

次に、先ほどご紹介した「グルメ力初級編」「グルメ力中級編」「グルメ力上級編」の概要をご説明したい。

「グルメ力初級編」で取りあげたテーマは、『秋田名産の漬物の「いぶりがっこ」』と『タピオカ』の二つである。「いぶりがっこ」と「タピオカ」の意外な真相を読みやすく記しているので気軽にご覧いただきたい。

「グルメ力中級編」で取りあげたテーマは、『「うなぎの蒲焼」の味わい』『「桜餅」の「桜の葉」』『日本の周辺の海で獲れる「カニ」』『「宇都宮餃子」と「浜松餃子」』の四つである。

あなたは「蒲焼」の味わいの見分け方をご存知であろうか? そして、「桜餅」をお召しあがりになる折、巻かれている「桜の葉」を剝がすか、食べるか、お迷いにならないであろうか? 「蒲焼」の味わいの見分け方、「桜餅」の葉の扱い方を含め、さまざまな「カニ」、そして、広く知られている二つの町の「餃子」について詳しくお伝えしている。

「グルメ力上級編」では、これまであまり語られていない『「半殺《はんごろ》し」の調理法』と『「みたらし団子」の「団子の数」』という二つのテーマに、『日本酒の「吟醸酒《ぎんじょうしゅ》」「純米酒《じゅんまいしゅ》」「本醸造酒《ほんじょうぞうしゅ》」』というテーマを取りあげた。

あなたは「半殺し」という名前の調理法をご存知であろうか？　この聞き慣れない「半殺し」の調理法をはじめ、「みたらし団子」「日本酒」についてお伝えする。「上級編」とはいえ楽しく読めるように記したので、多くの方々にご覧いただければと思う。

そして、**各編のおわりには冒頭で触れた「厳選おすすめ店」をご紹介している。東京の「ピザ（ピッツァ）」店、大阪の「粉もん料理」店、札幌と東京の「洋菓子」店、信州の松本と戸隠の「そば」店、東京の「フランス料理」店、名古屋の「フランス料理」店である。さらに、各テーマの中にも、厳選おすすめ店を掲載している。秋田県湯沢の「漬物」店、浜松の「うなぎ料理」店、東京・京都・大阪の「和菓子」店、北**

海道釧路の「カニ料理」店、岐阜県恵那の「五平餅」店、秋田県大館の「きりたんぽ鍋」店である。これらの店のこだわって作られた料理、食べ物、スイーツをぜひお召しあがりいただきたい。サラリーマンの金銭感覚で味わうことのできる店を選んでいるが、うなぎ料理店やカニ料理店は、うなぎやカニの仕入価格の高騰により少し値が張るし、東京と名古屋のフランス料理店は相応の金額がかかることをご承知いただきたい。

本の中の挿し絵と表紙の絵は、すべて私が描いている。先ほどご紹介した拙著に挿し絵をのせたところ、『絵があると楽しいから今度出版する本にものせて欲しい！』という声を多くいただいた。そうした声を伺い、調子に乗りやすい私はその気になり、ご要望に応えるべく気持ちを込めて描いた。お茶で一息入れるように、絵で一息入れてもらえればと思う。

また、絵には言葉で表現しにくいことを視覚的にお伝えできるメリットもある。中級編では多くの種類の「カニ」を、そして、上級編ではさまざまな形の「半殺し」の食べ物や料理をご紹介しているので、これらの外見上の違いを、目で見ておわかりいただけるようにとの思いもあり掲載した。

食べ物や飲み物を味わった折、よく使う言葉に「おいしい」や「うまい」があるが、この本では使っていない。それは、「おいしい」や「うまい」が包括的な表現であり、これらの言葉では飲食物の味わいを正確にお伝えできないと考えたからである。ゆえに、これら以外の言葉や表現を用いて味わいの記述をさせてもらった。

もう一つ、言葉に関わる説明をさせてもらいたい。それは「甘味」「酸味」「塩味」「苦味」「うま味」である。甘味はあまみ、あるいは、かんみと読み、塩味はえんみ、あるいは、しおみと読む。これらは口で感じる五つの基本味の「五味《ごみ》」を指す言葉として用いているので、そのようにご理解いただきたい。

それでは、本編をご覧ください。

テーマはそれぞれ独立した内容になっているので、前から順にでも、あるいは、興味をお持ちのテーマからでも、あなたが好きなようにお読みくだされぱと思う。

あなたに「グルメ力」をお伝えでき、あなたの「食べる」がもっと楽しくなれば、私にとってこれ以上の幸せはない。

目次

グルメ力中級編

グルメカ初級編

1. 味も名前もユニークな秋田名産の漬物の「いぶりがっこ」は、どのように誕生した？

「いぶりがっこ」は秋田名産の漬物として知られている。燻製の香り、歯ごたえのある食感、甘じょっぱい味などがユニークで独創的な食べ物である。

私は「いぶりがっこ」をお供にご飯をいただくのが好きだ。ご飯と一緒に味わうと香りや食感がそこなわれず、甘じょっぱさはまろやかになりご飯が進む。嚙《か》むとポリッ、ポリッという音がする。私が家で音をさせながら食べていると、この音を聞いた家族も食べたくなるようで、買ってきた「いぶりがっこ」はあっという間にみんなのオナカの中へと消えてしまうのである。

そのまま食べたり、ご飯のお供にしたり、お茶漬けにしたりするだけでなく、他の食べ物とアレンジして食べることも増えている。たとえば輪切りにした「いぶりがっこ」の上に「クリームチーズ」をのせる食べ方は、アルコールのつまみとして人気を得ている。そして、みじん切りにして混ぜ込んだ「ポテトサラダ」は、「いぶりがっこ」特有の食感を楽しめる料理である。

私の家では「生春巻き」の具として入れたりもする。生春巻きは具や味つけを工夫するといろいろな味わいのものができる。「いぶりがっこ」を巻いたものは、他の具材にはない香りや食感が楽しめ、味わいのヴァリエーションも広がる。

「いぶりがっこ」は味わいがユニークだが、名前もユニークだ。一度覚えたら忘れられない印象的な名前である。このユニークな漬物に惹《ひ》かれた私は、いつ頃から食べられ

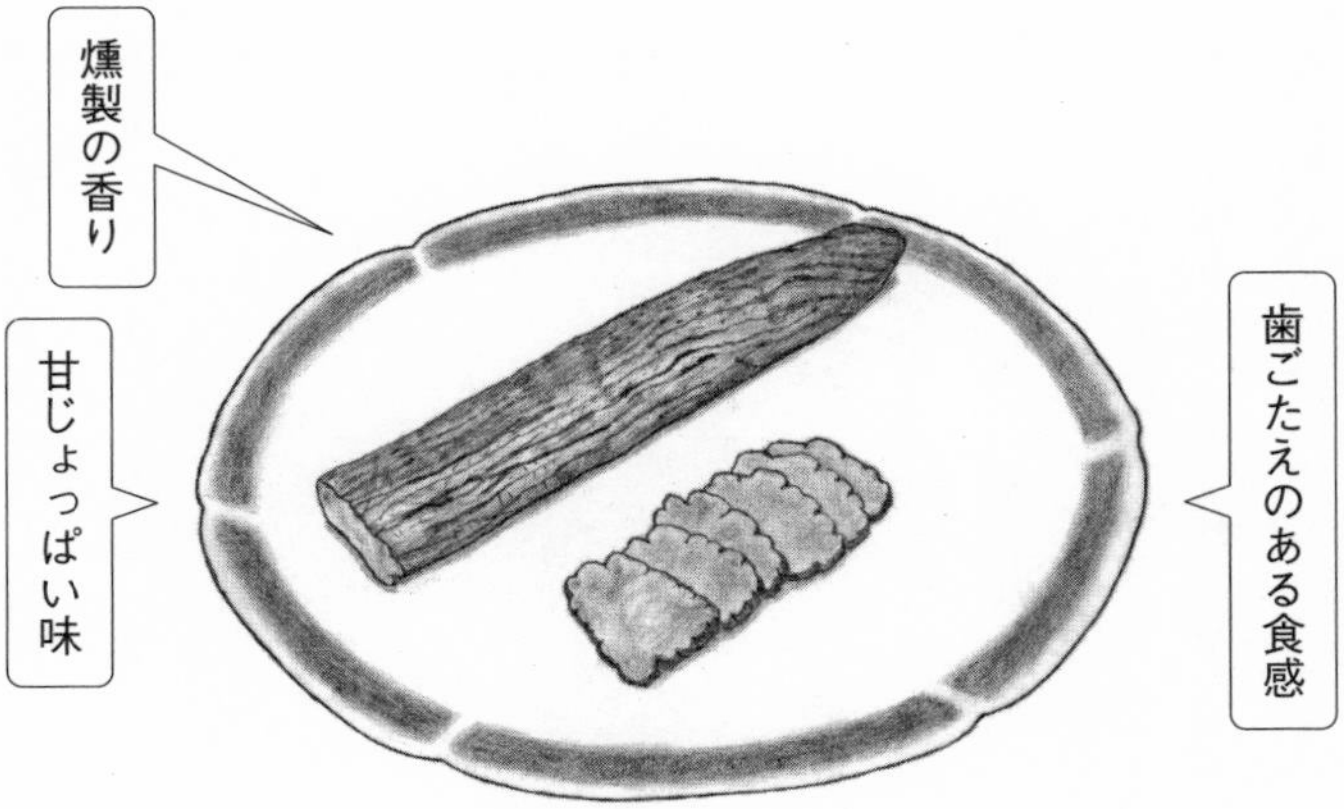

いぶりがっこ

てきたのかを調べてみることにした。そうしたところ、第2次世界大戦前の昭和時代や大正時代の文献を見ても「いぶりがっこ」の名前は一切出てこない。それゆえ、引き続き調べてみた。そして、わかった「いぶりがっこ」のルーツは意外なものであった。

「いぶりがっこ」の味や食感がどのようにして生まれ、ユニークな名前がどのように誕生したのかをあなたはご存知であろうか？

私が思いがけなく知ったルーツも含め、「いぶりがっこ」がどのような食べ物かを多くの方々にお伝えしたく、ご覧いただきやすい「グルメ力初級」のテーマとして取りあげた。これから「いぶりがっこ」をわかりやすくお話ししようと思う。

はじめに、漬物の「いぶり漬」をご紹介する。**「いぶり漬」とは秋田県内陸南部豪雪地の家庭で作られてきた大根の漬物だ。**秋田の家庭では昭和時代の中期頃まで、漬物は家庭で作ることが一般的であった。秋田の漬物を大きく分類すると「貯蔵用の漬物」と「季節の野菜の浅漬」の二つになる。いぶり漬はというと「貯蔵用の漬物」だ。短期間で漬けてすぐに食べる浅漬ではなく、数か月後に食べる保存用の漬物である。

続いて、このいぶり漬が秋田県内陸南部の家庭でどのように作られてきたのかをお話ししたい。まず、大根を秋から冬にかけて干すが、この地域は周りを山に囲まれて風があまり吹かず、しっかりと干すことができない。そのため家の中の梁《はり》にぶら下げ、囲炉裏《いろり》の火で乾かした。大根は囲炉裏の煙にいぶされて独特な「あめ色」になる。大根を2～3週間乾かしたら、桶に塩と米ぬかとともに入れる。また、砂糖やザラメなどの甘味料も入れることが一般的である。その上に重石をのせると、乳酸発酵などにより2ヶ月程度で漬けあがる。大根をいぶして乾かし漬けるので、「いぶり漬」といわれてきた。

次に、「いぶりがっこ」という名前の後ろ部分の「がっこ」についてご説明したい。この**「がっこ」は秋田方言で漬物のことである。**それゆえ、秋田では耳慣れた言い方だ。「がっこ」という言葉の由来については、いくつかの説があるので有力な二つをお伝えしたい。

一つ目の説は、昭和時代まで漬物や沢庵漬を指す言葉として全国的に使われていた「こうこう」、または「こうこ」が、「がっこ」という秋田方言になったというものだ。「こうこう」「こうこ」は「香々」と書き、「香の物」と同様に漬物の別名である。

二つ目の説は、「香」に秋田方言の「身近な人や物」などを表す「っこ」がついたというものだ。「香」は古くは「かう」といっていたので、これに「っこ」をつけて「がっこ」になったとされる。秋田方言の「っこ」をつけた言い方は多数ある。たとえば、子供のことを「こっこ」、机のことを「つぐえっこ」、鍋のことを「なべっこ」という。食べ物や飲み物では、お茶のことを「お茶《ぢゃ》っこ」、「飴」のことを「あめっこ」という。

「いぶり漬」と「がっこ」をご説明したので、本テーマの「いぶりがっこ」がどのように誕生したのかをお話ししたい。

先ほどご紹介した「いぶり漬」は、第2次世界大戦後にストーブが普及し囲炉裏がなくなると、大根をいぶして干すことができなくなったため、家庭で作られることが少なくなっていった。**昭和40年代になり、秋田県の漬物業者である「雄勝野《おがちの》きむらや」が「いぶり漬」を製造し、販売を始める。そして、販売していく中で、「いぶり漬」に「いぶりがっこ」とネーミングをする。**「いぶりがっこ」という名前はこのような経緯で誕生した。ゆえに、**「いぶり漬」が「いぶりがっこ」のもととなる漬物なのである。**第2次世界大戦前の昭和時代や大正時代の文献に「いぶりがっこ」という名前が出てこないのは当然のことといえる。

「いぶりがっこ」の販売が始まると、香り、食感、甘じょっぱい味などが、秋田のみならず全国各地で好評を得る。「いぶりがっこ」はユニークな名前とも相まって、次第に広く食べられるようになっていく。

また、生産する業者も増える。先ほどお伝えしたように、秋田の家庭は大根を囲炉裏で2~3週間干していたが、「いぶりがっこ」製造業者は大根を専用のいぶし小屋で干し、その期間は長くて4～5日間だ。いぶすことにより、水分が抜けるとともに殺菌され、日持ちもよくなる。製造業者はこのように大根を干している。

ご覧のとおり、私が調べていく中で思いがけなく知ったルーツも含め、「いぶりがっこ」について詳しくお伝えした。

「いぶりがっこ」特有の「味わい」は秋田の気候と暮らしから、そして、「名前」は秋田の言葉から生まれた。「いぶりがっこ」は、まさに秋田が生んだ食の名品ということができる。

最後に、私がおすすめする「いぶりがっこ」をあなたにお伝えしたい。ご紹介するのは、先ほどお話しした秋田県湯沢市にある「雄勝野《おがちの》きむらや」のものだ。この店は、吟味した素材を先人から伝わる技術で、添加物を極力使わずに作る。このようにして作られた「いぶりがっこ」は、昔ながらの「いぶり漬」の香り、食感、味に近いものであり、素材の風味が活かされている。このテーマの冒頭でお話ししたように、「いぶりがっこ」はいろいろな食べ方ができるので、あなたの好みの味わい方でお召しあがりいただければと思う。

秋田名産「いぶりがっこ」の一口まとめ

- □「がっこ」は秋田方言で漬物のこと。
- □「いぶりがっこ」という名前の誕生は昭和40年代。
- □秋田県の内陸南部豪雪地で食べられてきた「いぶり漬」が「いぶりがっこ」のもととなる漬物。
- □「いぶりがっこ」は秋田の気候と暮らしが生んだ漬物。

2. もちもち、プルプルした食感がクセになる「タピオカ」は、どのような食べ物？

「タピオカ」は、ティーなどのドリンクに入れて「タピオカドリンク」や「タピオカティー」として飲んだり、ココナッツミルクなどに入れてデザートとして食べたりする。また、さまざまな飲食物にも使われている。もちもち、プルプルした食感が印象的だ。

タピオカティーは１９８０年代に台湾で飲まれ始め、それが日本に伝わったと思われる。そして、日本でもタピオカドリンクが次第に広く飲まれるようになり、２０１９年

タピオカミルクティー

には タピオカドリンクを飲むことを意味する「タピる」が流行語となるなど、若い世代を中心として大人気になった。

私は「タピオカ」のことをおおよそわかっていたが、詳しく知りたいと思い改めて調べてみた。

「タピオカ」がどのような食べ物かをあなたはご存知であろうか?

この「タピオカ」についてお知りになりたい方は多いと思い、私が調べてわかった知識や情報を含め、「グルメ力初級」のテーマとしてわかりやすく記した。気軽にご覧いただければと思う。

「タピオカ」は、英語名を「キャッサバ」という植物のアジア名である。キャッサバ（タピオカ）は水の少ない気象条件で、栄養分の少ない土地でも育つので、栽培が容易な植物だ。キャッサバ（タピオカ）の根が芋になっており、「タピオカ芋」という。この「タピオカ芋」を加工して、「タピオカ」は作られる。このことはメディアなどによって報じられているので、あなたもご存知かもしれない。ただ、「タピオカ芋」がどのような食べ物かは広く知られていないと思うので、まずこの芋についてお話ししようと思う。

　タピオカ芋はさつまいもに形が似ている。生産地はナイジェリアなどのアフリカ中南部、タイやインドネシアなどのアジア、ブラジルなどの南米といった熱帯地域が主である。

　タピオカ芋には「甘味種」と「苦味種」の2種類があるが、両種ともに毒物成分の青酸配糖体《せいさんはいとうたい》がわずかながら含有されている。『「タピオカ」の原料のタピオカ芋に毒物が含まれている』とお聞きになって驚いた方もいると思うが、タピオカ芋に限らず、毒物の青酸配

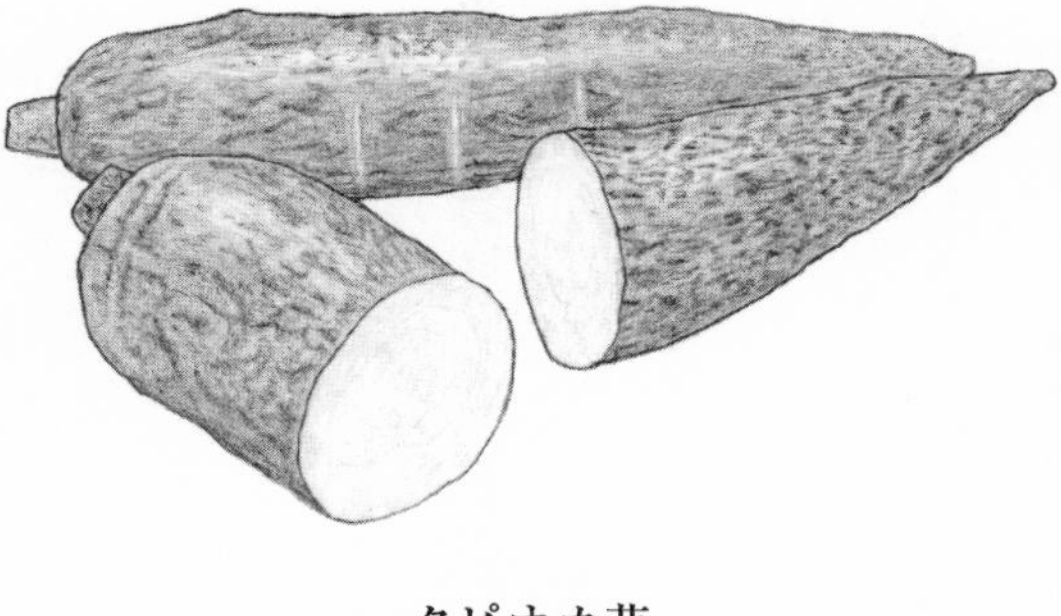

タピオカ芋

糖体が含まれる植物はある。たとえば、熟していない青い梅の実にもわずかながら含まれている。しかし、梅の実は梅干しにしたり、梅酒にしたりすると、飲食しても身体への影響はないのでご安心いただきたい。

2種類のタピオカ芋のうち、「甘味種」に含有される毒物の量は少なく、皮に多く含まれているので、むいて水につけたりし、毒抜きをした後に調理のうえ食べることが多い。一方、「苦味種」は内部に毒物成分を含有しているため、「でんぷん」などの製品へ加工するのが一般的である。**「タピオカ芋」に含まれる毒物成分を除去して製造したでんぷんは「タピオカでんぷん」といわれる。私たちが飲んだり食べたりしている「タピオカ」は、この「タピオカでんぷん」から作られているのである。**

続いて、「タピオカでんぷん」からどのようにして「タピオカ」が作られるのかをお話ししたい。

まず、「タピオカでんぷん」に水を加え、熱して球形にする。この球形のものは「タピオカパール」や「スターチボール」といわれる。そして、これを煮て、水にさ

らせば乳白色の「タピオカ」が出来あがる。ドリンクやデザートに入っている「タピオカ」の色は、黒っぽいもの、カラフルなものなどいろいろあるが、黒糖などを加えたり、着色をしたりしてこのようなものが作られている。

次に、黒糖などを加える前の出来あがったばかりの「タピオカ」に含有されている栄養素についてご説明したい。

まず、3大栄養素は炭水化物がほとんどで、たんぱく質と脂質はほぼない。ミネラルは、カルシウム、カリウム、マグネシウムなどがわずかながら含まれている。そして、ビタミン類はほぼ含まれていない。このように、ごくわずかのミネラルなどを除くと他は炭水化物である。とはいっても、今の日本で栄養摂取のために「タピオカ」を飲食する方はほとんどいらっしゃらないだろうから、栄養素の種類や量の少ないことに、さほど問題はないであろう。

出来あがった「タピオカ」は作ってから長時間経過すると食感が変わるので、保存

のため砂糖水やシロップなどにつけられていることが多い。また、「タピオカドリンク」の場合はドリンクにも砂糖などの甘味料の入っていることが多く、その量はメーカー、メニュー、サイズ、甘さのレベル、アイスかホットかなどによって異なる。ドリンクに含まれる糖質は体内への吸収が速く、血液内の血糖値が急上昇する。なので、糖質の摂取を控えている方は、甘さの選べる店舗で無糖のドリンクを注文するなどしてお召しあがりになることがおすすめだ。

「カロリー」については、「タピオカ」自体で100g当たり約60kcalである。ドリンク1杯に入っている「タピオカ」の量は数十gから100g強が一般的だが、先ほどお話しした甘味料の多く入った「タピオカドリンク」は、甘味料のカロリーが加わり相応な高さになる。ゆえに、カロリーを抑えていらっしゃる方にも無糖のドリンクをおすすめする。

以上のとおり、「タピオカ」や「タピオカドリンク」についてご説明した。「タピオカ」はもちもち、プルプルした食感が楽しめ、ドリンクとの相性も非常にいい。私もこの食感が好きだ。２０１９年に大流行したのも頷《うなず》ける。食感を楽しめる「タピオカ」は、これからもいろいろなドリンクや食べ物で親しまれることと思う。

食感がクセになる「タピオカ」の一口まとめ

□「タピオカ芋」には毒物成分がわずかながら含有されている。

□「タピオカ」は、「タピオカ芋」を加工した「タピオカでんぷん」から作られる。

□「タピオカドリンク」には砂糖などの甘味料の入っていることが多く、その量はメーカー、メニュー、サイズ、甘さのレベル、アイスかホットかなどによって異なる。

厳選おすすめ店【1】
東京から「ピザ（ピッツァ）」の2店をご紹介！

「ピザ（ピッツァ）」を食べる折は、事前にカットされたものを「手」でつかんでお召しあがりになる方が多いのではないだろうか？　私もつかんで食べていたが、具材が手について「べとべと」になるのが嫌だった。自宅では手軽に拭《ふ》いたり洗ったりできるのでさして問題ないが、飲食店ではそのようにできないことが多い。

イタリアではナイフとフォークを使い、「ピザ（ピッツァ）」をカットし、適度なサイズに丸めて口に運んで食べることは一般的である。しかし、ナイフとフォークを使うのは気取っているように思えて、私は抵抗感があった。ところが、ものは試しでやってみると、とても快適に食べることができたし、新鮮でもあった。それ以降、私はナイフとフォークで食べている。あなたも手の「べとべと」するのが苦になるのであれば、ナイフとフォークの食べ方をぜひお試しください。

イタリアでは、「ピッツァ」を中心とした料理を提供するレストランのことを「ピッツェリア」という。日本でも本場の味わいの「ピッツァ」を提供する「ピッツェリア」が増えている。東京のピッツェリアの中から、薪窯《まきがま》を使っているおすすめの2店をあなたにご紹介したい。

「ピッツァ」の発祥はイタリアのナポリとされる。ナポリの「ピッツァ」の生地は、やわらかくて、もちもちとした食感が特徴だ。一方、ローマから北の地域では、生地が薄くてカリッと焼かれた食感のものも見られる。なので、それぞれの味わいの「ピッツァ」を提供するピッツェリアをお伝えしようと思う。

生地がもちもちとした「ピッツァ」を提供するピッ

「ナポリピッツァ Pizzeria la Rossa」の
「マルゲリータ D.O.C」

ツェリアとしては、目黒区にある「ナポリピッツァ Pizzeria《ピッツェリア》 la《ラ》 Rossa《ロッサ》」をご紹介する。店の「ピッツァ」の生地は、オーナーシェフが人に教えてもらうことなく、自分一人で試行錯誤しながら長い年月をかけて作りあげたものである。このようにして、研究を重ねて作られた生地は、唯一無二の味わいだ。この生地が具材と織りなす味わいをご堪能いただきたく思う。

カリッと焼かれた生地の「ピッツァ」を提供するピッツェリアとしては、麻布の「ピッツェリア ロマーナ ジャニコロ」をご紹介したい。熟練の技で作られた「ピッツァ」は洗練された味わいだ。食感が軽いので1人で1枚をペロッと食べられる。また、「ピッツァ」の他に、窯で焼く料理もおすすめだ。素材の味が活かされた料理である。

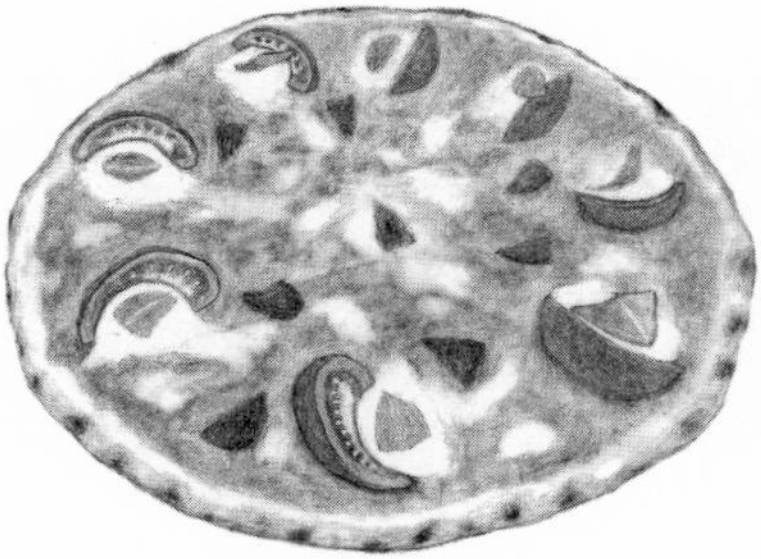

「ピッツェリア ロマーナ ジャニコロ」の
「ジャニコロ風 ピッツァ マルゲリータ」

厳選おすすめ店【2】

大阪から「粉もん料理」の3店をご紹介！

大阪は食い倒れの町といわれるだけあって、いろいろな料理や食べ物が溢《あふ》れており、それらの中の一つに「粉もん料理」がある。そして、「粉もん料理」を代表するのが「お好み焼き」と「たこ焼き」だ。アツアツを『フーフー！』しながら食べる味わいは最高である。ただ、私はあわてて頰《ほお》張るせいか、口の中を火傷することも多い。なので、注意して食べるようにしている。また、二つの料理ともに、ビールとよくマッチするところも嬉しい。

大阪の数多い「粉もん料理」の店から、私がよく訪れている「お好み焼き」の2店と「たこ焼き」の1店をあなたにご紹介したい。大阪にいた頃しばしば立ち寄っていたし、今も大阪に行くと必ずといっていいほど訪ねる店だ。「お好み焼き」は、東京ではセルフで焼くスタイルの店が多いが、今回ご紹介する店はともに店員さんが焼く。

「お好み焼き」の1店目にご紹介するのは、難波に店を構える「味乃家《あじのや》」だ。カウンター席に座ると、焼く様子が目の前で見られて楽しい。こちらの「お好み焼き」は食感がふんわりしている。ゆえに、ふんわり食感が好きな方におすすめだ。いろいろなメニューがある中で、おすすめは「味乃家ミックスお好み焼き」である。豚肉、イカ、タコ、エビ、ミンチ（挽き肉）などの具材が入っており、これらのうま味が溢《あふ》れている。出来あがった「お好み焼き」の上にかける調味料はソース、マヨネーズ、辛子、かつおぶし、青のりだが、マヨネーズと辛子はかけるかかけないかを店員さんが確認してくれる。

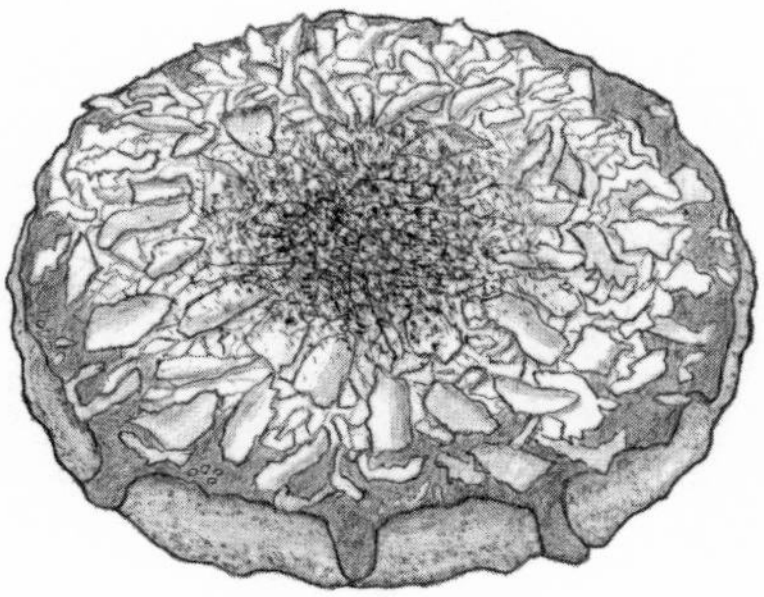

「味乃家」の「お好み焼き」

2店目にご紹介するのは「福太郎《ふくたろう》」だ。本店は千《せん》日前《にちまえ》にある。また、支店が梅田と難波にもあるので便利だ。メニューは多いが、おすすめは「トリプル玉焼」である。豚肉、海老、イカの3種の味わいが楽しめる。焼きあがった「お好み焼き」の上にかける調味料は、ややうすめに味つけされたソース、マヨネーズ、青のりだが、マヨネーズと青のりはかけるかけないかを、店員さんが尋ねてくれる。食べ進み、ソースが足りない時は、店員さんにお願いすれば、ソース差しを渡してもらえる。こちらの「お好み焼き」はとろとろの食感が特徴だ。なので、とろとろ食感がお好みの方におすすめする。

どの店舗も予約はできない。満席のために待たなければならないことが多いので、時間に余裕を持っ

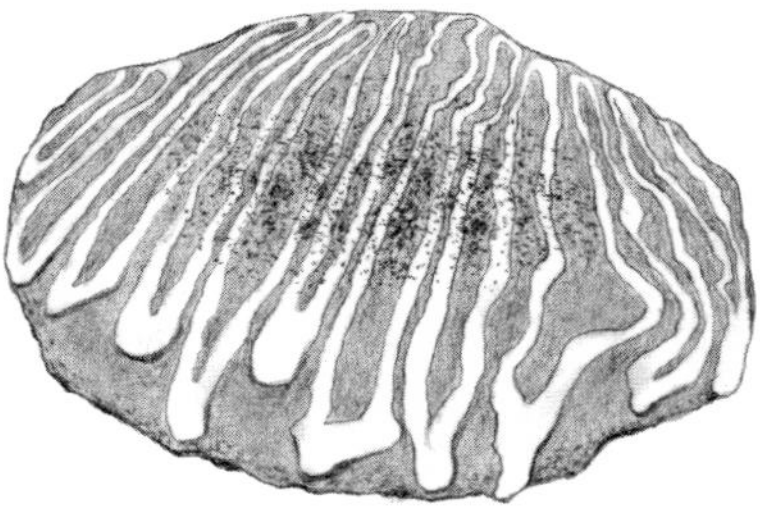

「福太郎」の「お好み焼き」

てお出かけください。

「たこ焼き」のおすすめは道頓堀川に面している「あっちち本舗《ほんぽ》道頓堀店」だ。「たこ」には「生だこ」を用い、生地は「かつおだし」の利《き》いたものを使っている。これらの食材を鉄板で焼いた「たこ焼き」は、皮はパリッと、中はトロリとした味わいである。味つけはいくつかある中から選べるが、私の好みは「しょうゆマヨネーズ」だ。「ねぎ」は、苦手でなければかけてもらって欲しい。そして、「たこ焼き」には珍しく「ガリ」が添えられており、箸休めとしていい役割を果たしている。天気がよければ店の傍《かたわ》らの椅子に腰掛けて道頓堀川を眺めながら食べるのは気持ちいいし、また地下にもイートイン

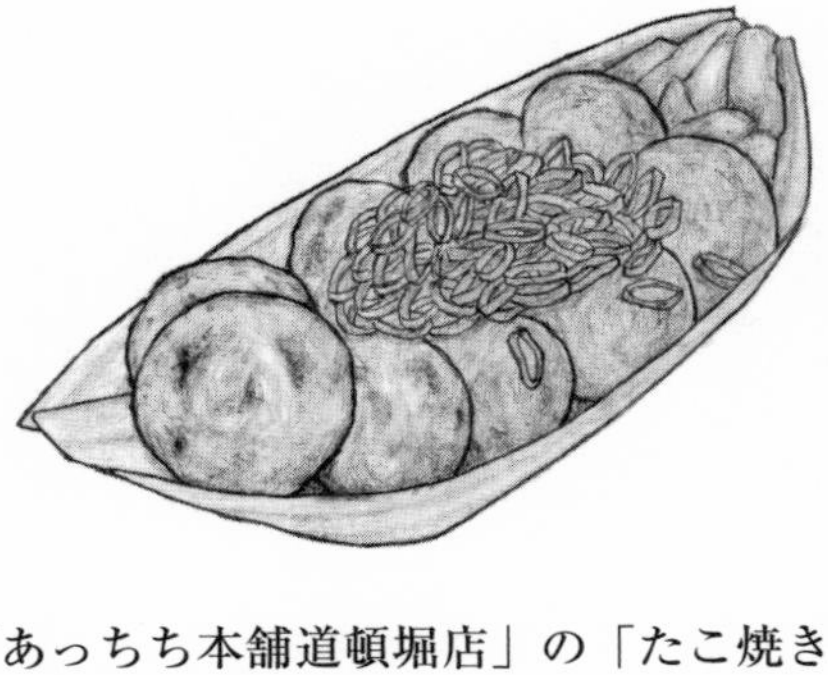

「あっちち本舗道頓堀店」の「たこ焼き」

スペースがある。

グルメカ中級編

1.「うなぎの蒲焼」の味わいを見分けるには?

「うなぎの蒲焼」は江戸時代後期の江戸において、すでに人気の料理となっていた。当時、「うなぎ」店を掲載した「江戸前大蒲焼番付」が出されていたことからもそのことがわかる。

今も「うなぎ」料理の中で最も人気があるのは「蒲焼」であろう。私も「蒲焼」が好きである。特に、「蒲焼」とご飯が一つの器に盛られた「うな重」や「うな丼」が大好物だ。醬油味のたれによって調理された「蒲焼」と、たれがかかったご飯を一緒にいただくのは至福の時である。

ただ、一口に「蒲焼」といっても味わいはさまざまだ。私は「うな重」や「うな丼」などを「うなぎ」料理店でいただいてきたが、味や食感は千差万別であった。この違いがどのようにして生まれるかを知りたいと思い、まず、東京、大阪、名古屋の店舗を訪問して多くのことを教えていただき、3都市の違いなどを拙著1作目と2作目に記した。その後、さらに全国各地の店舗に伺い、いろいろな「蒲焼」に触れ、「蒲焼」の味わいの見分け方をまとめた。

あなたは「蒲焼」の味わいの見分け方をご存知であろうか？

この見分け方をこれから詳しくお伝えしたい。「蒲焼」に関わる多くの知識や情報を掲載しているので「グルメ力中級」のテーマとした。「蒲焼」が好きな方は、ぜひご覧いただきたい。

うな重

「蒲焼」の味わいを決める主たる要因の一つは、おそらくあなたもご存知の調理法の「関東風」と「関西風」である。ゆえに、まず二つの調理法を改めてご説明したい。

関東風と関西風の調理法の違いには、背を開くか腹を開くか、蒸すか蒸さないか、串が竹串か金串か、どのような包丁を使って開くかなどがある。しかし、たとえば開き方を見ると、関西風は腹を開くのが一般的だが、背を開く店もある。そして、串を見てみると、関東風では竹串を用いることが多いが、金串を用いる店もある。このように、関東風、関西風といっても調理法は一律でない。さまざまな調理法がある中、**関東風と関西風において「蒲焼」の味わいに最も影響を与える調理工程の違いは、「蒸し」をするか、しないかである。**

一般的な関東風の調理工程は、開いたうなぎを「白焼《しらや》き」にして、次に「蒸し」、その後、「たれ焼き」をする。「白焼き」とは開いたうなぎをそのまま焼くことであり、「素焼《すや》き」ともいう。そして、「たれ焼き」とはたれをつけて焼くことであり、「つけ焼き」ともいう。また、関東風には、ご紹介した一般的な調理法の他、白焼きをせず、開いたうなぎを蒸して、その後たれ焼きをする調理法もある。

このように、関東風の調理法では、たれ焼きをする前に蒸す。蒸すことにより、うなぎ全体がふんわりとやわらかくなる。蒸す時間の長短によって「蒲焼」の味わいに違いがでる。そして、最後のたれ焼きで、たれがうなぎにしみ込み、外側は軽い食感になる。

片や、関西風は蒸さずに、「焼き」だけで作る。この調理法は「地焼《じや》き」といわれる。開いたうなぎを、まず白焼きにし、その後たれ焼きをして仕上げる。焼きだけで作るので食感は香ばしく、うま味や甘味が身にとじこめられた「蒲焼」になる。

ご説明した「蒸し」は関東風にあり関西風にないが、関東風と関西風のどちらにもある調理が「焼き」である。話は少しそれるが、職人さんがうなぎを焼いていらっしゃる「焼き場」は暑そうである。特に夏は猛烈に暑そうだ。私が焼き場に立ったら、何日耐えられるだろうか。根性も体力もない私は数時間で熱中症になって倒れることと思う。

話を「焼き」に戻したい。

うなぎの焼きは、「炭」「ガス」「電気」といった火力で行うが、上質の「蒲焼」を作るために最適なものは炭である。

では、炭で焼くと、なぜ上質の「蒲焼」になるのか？

炭は、焼くと赤外線が出る。赤外線はうなぎの内部を温めて、「うま味」や「甘味」などを作り出し、外側を焼き、内側のうま味や甘味などが流れ出すのを抑える。また、焼いている間に、炭へ落ちたうなぎの汁が蒸発して、再度うなぎへ戻り独特な風味をもたらす。炭の炎は水分を含まないので、焼きあがりが香ばしい。というわけで、**炭で焼くと外側は香ばしく、内側はふっくらとした食感で、「うま味」や「甘味」などがあふれた「蒲焼」になる。**どの産地の炭を用いるのか、焼き時間をどれくらいにするのか、どれくらいの火力で焼くのかなどにより仕上がりが違ってくる。

あなたがはじめて訪問される店において、炭で焼いているかどうかを知りたい場合は、店のホームページに記述されていることもあるのでご覧いただければと思う。記載されていない場合、私は店に聞くようにしている。

続いて、**味わいに大きな影響を与える要因としてご説明するのは「たれ」である。**「蒲焼」のたれは、醤油、みりん、砂糖、ざらめ、ハチミツ、日本酒などから作られている。中には、うなぎの脂を入れる店もある。醤油の種類を見ると、東海地方から西の地域では「たまり醤油」を使う店があり、九州地方では地元の甘めの醤油を使う店が多い。これらの材料のうち、どれとどれを使い、どのような割合で調合するかによって味は変わる。継ぎ足して使う店も、営業日ごとに作る店もある。

さまざまな「たれ」がある中、味の見分け方を次にお話ししようと思う。

私は「たれ」の味を見分けるために二つの「物差し」を使っている。一つは「甘味の強弱」であり、もう一つは「濃淡《のうたん》」だ。

一つ目の「甘味の強弱」とは、「蒲焼」を食べた時に「甘味」をどの程度感じるかである。弱い方から順に大まかに表すと「ほとんど感じない」「ほのか」「控えめ」「中程度」「しっかり」「濃厚」などになる。地域で比べると、東京並びにその周辺地域の老舗の「蒲焼」は甘味が抑えめである。東京には、砂糖を使わずに、醤油とみりんで作る「同割《どうわり》」という「たれ」を用いている店もある。

もう一つの「濃淡」とは、食べた時に味が「濃いめ」か、「うすめ」かである。うすめから順に大まかに記すと「うすい」「うすめ」「中程度」「濃いめ」「濃い」などとなる。先ほど「たれ」を作るための調味料についてお伝えしたが、醤油であれば、どのような醤油を使用するか、他の調味料ものようなものを用いて、そして、調合割合をどのようにするかなどによって「濃淡」は変化する。また、調理において「たれ」をつける回数も濃淡に影響を与える。回数が多いと濃くなる。

お伝えした「甘味の強弱」と「濃淡」を合わせて「たれ」の味を表すと、たとえば、「甘味」が「ほのか」で、「濃淡」が「うすめ」なら、「甘味がほのかで、うすめのたれ」となる。「甘味」が「しっかり」で、「濃淡」が「濃いめ」なら、「甘味がしっかりで、濃いめのたれ」となる。このように、「甘味の強弱」と「濃淡」を感じながら食べると、「たれ」の味がおおよそ見分けられる。

これまで調理法についてお伝えしてきたが、次にうなぎそのもののご説明をしたい。**うなぎは、あなたもご存知のように「天然」と「養殖」がある。しかし、天然の「ニホンウナギ」の数は大変少なくなっている。ゆえに、店舗で提供されるうなぎのほとんどが養殖である。**

養殖には「国産」と「海外産」があり、私は国産うなぎを食べるようにしている。国内における養殖うなぎの主な産地は、鹿児島県、愛知県、宮崎県、静岡県などである。また、国産養殖うなぎのうち、飼育環境や与えるエサにこだわって育てられたものはブランド名がつけられ、「国産養殖ブランドうなぎ」といわれる。

これら国産うなぎを使っている店は、常に同じ産地から仕入れている店もあれば、時々によって産地を変える店もある。店がどのようなうなぎを使っているかは、店のホームページに記載されていることもあるので私は見るようにしている。もし記載がなければ店に尋ねている。

また、うなぎの「サイズ」についてもお話ししたい。このサイズについては拙著2作目にも記述しているが、改めてお伝えしたい。

うなぎは何尾で1kgかにより、サイズ別に分けられる。たとえば、3尾《び》で1kgの「うなぎ」は「3P《さんピー》」あるいは「3尾《さんび》もの」といわれ1尾は約330gであり、5尾で1kgの「うなぎ」は「5P《ごピー》」あるいは「5尾《ごび》もの」といわれ1尾は約200gだ。従って、「3P」の方が「5P」より大きい。店舗で使われているサイズは「3P」「3・5P」「4P」「5P」「6P」が多い。「3P」と「5P」以外のサイズの重さは、「3・5P」が約285g、「4P」が約250g、「6P」が約167gである。店舗がどのサイズのうなぎを扱っているかはそれぞれである。3Pのみを提供している店舗、4Pと5Pを提供している店舗、5Pと6Pを提供している店舗などさまざまだ。

調理した「蒲焼」の味わいを比べると、基本的に大きいサイズのものは小さいサイズのものより、食感がふっくらしており、身のうま味や甘味が強い。ただ、大きいサイズのうなぎは、1尾当たりの仕入れ値が小さいサイズのものより高い。

ここで、「蒲焼」を使った二つの地域発祥の料理をお伝えしたい。

一つは名古屋名物の「ひつまぶし」だ。食べ方はあなたもご存知と思うが、そのまま食べる、刻みねぎやわさびなどの薬味とともに食べる、だしやお茶をかけてさっぱりと食べる、の3種類である。味わい方を変えられるところが楽しい。三つの食べ方の中で、薬味をのせていただくのが私は好みだ。ただ、

ひつまぶし

「ひつまぶし」は、名古屋だけでなく全国各地の店でも提供されるようになっている。
もう一つは、福岡県柳川市名物の「せいろ蒸し」だ。「せいろ蒸し」は甘めのたれがまぶされたご飯に「蒲焼」をのせ、その上に錦糸玉子を散らし、蒸したてが提供されるので、最後まで温かく食べることができる。「蒲焼」の食感はやわらかい。甘めのたれを好まれる方におすすめする。この「せいろ蒸し」も、柳川市のみならず各地で提供されている。

以上のとおり、「蒲焼」の味わいの見分け方や地域発祥の料理などをお伝えした。

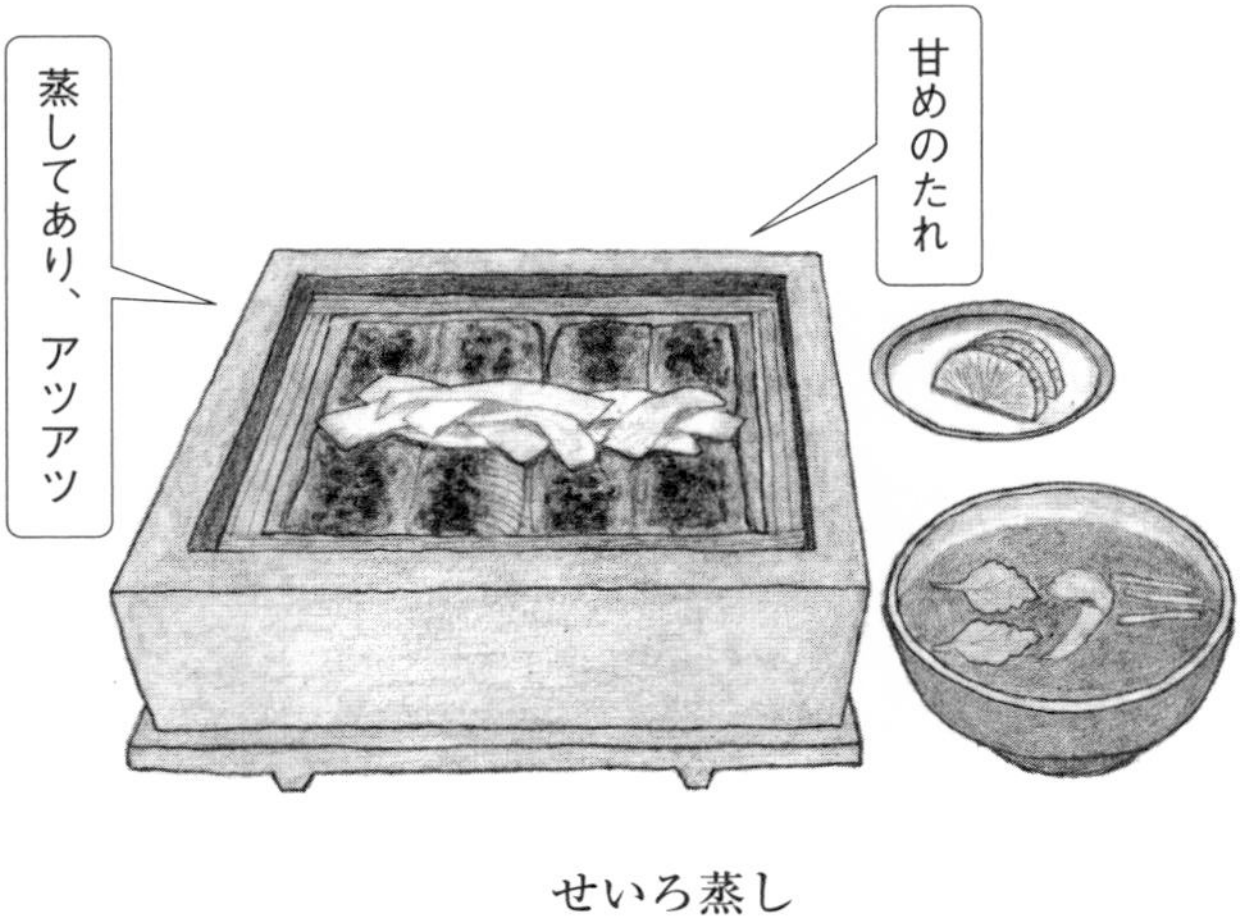

せいろ蒸し

「蒲焼」の調理はご紹介した他にも店によって多くの違いがあるが、お伝えした内容を踏まえてお召しあがりいただければ味わいが見分けられる。このテーマの冒頭で記したように味わいは千差万別であり、食べ方もいろいろなので、さまざまな「蒲焼」料理をお楽しみくだされればと思う。

おわりに、関西風調理にて国産うなぎを炭で焼く店の中から、静岡県浜名湖の北側にある「炭焼《すみやき》うなぎ加茂《かも》」をご紹介したい。関西風だが、腹を開くのではなく背を開く。カウンター席からは焼く様子が見られて興味深い。用いるうなぎは愛知県一色産など、その時々で厳選したものである。焼かれた「蒲焼」は身が厚く、食感がふっくらとしている。たれの味は、甘味も濃さも中程度である。また、たれをつけずに焼く「白焼き」もおすすめだ。「蒲焼」とは異なる味わいを楽しめる。そして、これらの料理はコストパフォーマンスも高い。

訪問には車が便利であり駐車場も広いが、お客さんが多く、特に土日祝日や連休は混雑するので、入店方法を店舗に確認のうえお出かけください。

関東風については、店舗の紹介を控えさせていただいた。それは、たれの味などが店舗によってそれぞれであり、私のご紹介した「蒲焼」があなたの好みと合わずにご迷惑をかけることも考えられるからである。

「うなぎ蒲焼」の味わい方の
一口まとめ

□ 関東風と関西風の調理法で、「蒲焼」の味わいに最も影響を与える違いは、「蒸し」の調理過程のあるなしである。

□ 上質な「蒲焼」を作るためには、「炭」で焼くことが欠かせない。

□ 「たれ」の味は、「蒲焼」の味わいに大きな影響を与える。

2.「桜餅」に巻かれている「桜の葉」は、剥《は》がす人も食べる人もいるが、剥《は》がすもの？食べるもの？

冬が過ぎて暖かくなると、日本中のいたるところで花を咲かせ、春の象徴として人々に愛されている「桜」。桜の季節を迎え、味わいたくなる和菓子が「桜餅」だ。春がきたことを告《つ》げる菓子である。書き方は「桜餅」の他にも、「桜もち」「櫻もち」「さくら餅」「さくらもち」などがあり店によってそれぞれだが、この本では「桜餅」と記述させていただく。

この「桜餅」を何人かで食べる折、『「桜の葉」は剥《は》がす？』や、『「桜の葉」は食べる？』といった会話の交《か》わされることがある。葉の筋（葉脈）が気になるから剥がすという人がいる。また、葉のパサつく食感が嫌いなので食べないという人もいる。反対に、桜の風味をしっかりと感じたいから、食べるという人がいる。また、葉の「塩味」により餡の「甘味」が引きたつので食べるという人もいる。

葉は剝がして食べないものなのか?

食べるものなのか?

あるいは、どうするかは自分の好みで決めてかまわないのか?

実は私も葉の扱いについて確たる知識や情報を持っていなかったので調べることにした。ただ、調べ始めてみたものの、書物には桜の葉をどうするかの記述が全く見当たらない。ゆえに、東京、京都、大阪の老舗の「桜餅」店や和菓子店を訪ね、葉の扱いについて伺うことにした。さらに、「全国和菓子協会」にも尋ねることにした。

このようにしてわかった葉の扱い方は、「桜餅」をお召しあがりになる多くの方々が知りたい情報であろうと思い、テーマとして取りあげた。葉の扱い方にとどまらず

「桜餅」全般について詳しくお伝えしているので、「グルメ力中級」のテーマとした。

葉の扱いをお話しする前に、少し長くなるが「桜餅」と「桜の葉」について説明をさせてもらいたい。

「桜餅」は大きく分けて「関東風」と「関西風」の2種類がある。関東風の作り方は、小麦粉を主として溶いた生地（白玉粉、米粉、砂糖などを入れることもある）を薄く焼き、小豆餡《あずきあん》を包み、それを桜の葉で巻くのが一般的だ。形は円筒《えんとう》のようなものが最も多いが、他にも、がま口のようなものなどさまざまである。生地は桜の花にちなんで、あわいピンクに着色されているものが多い。餡《あん》は、「こし餡」が主流であるが、「粒餡」もある。

片や、**関西風は「道明寺粉《どうみょうじこ》」（砂糖などを入れることもある）を蒸して作った生地で餡を包み、それを桜の葉で巻いたものが一般的だ。**道明寺粉とは、大阪府藤井寺市の道明寺で作られたのが発祥とされる「道明寺糒《どうみょうじほしい》」が起源であり、餅米を蒸し乾燥させて挽《ひ》いた粉のことを指す。形はまんじゅうのように丸い。生地は、京都では着色をしていない白色のものと、あわいピンク色のものがあり、大阪ではあわいピンク色のものが大半である。餡は京都、大阪ともに「こし餡」が一般的だ。

先ほどご紹介した関東風の「桜餅」を提供している店では、関西風の「桜餅」も提供していることがある。このような店では、関西風の「桜餅」の商品名を「道明寺《どうみょうじ》」と名づけていることが多いが、京都、大阪では、関西風の「桜餅」を単に「桜餅」と呼び、「道明寺」とは呼ばない。

ここで、「桜餅」に巻かれている桜の葉についてご説明したい。

葉の産地は、国内産の他に中国産や韓国産などの海外産もある。**国内産の葉は「関東風」「関西風」を問わず、伊豆地方で栽培され、そして、塩漬けされた「オオシマザクラ」が大部分を占める。**この伊豆産の葉は食用として作られているので、食べることができる。伊豆産の葉に限らず、食用として作られているものは食べることができる。

使われている葉は、店によって味、大きさ、枚数などがさまざまである。「塩味」

は、強いものも控えめのものもある。大きさも、いろいろなサイズがある。また、葉の数は1枚が主流だが、2枚や3枚もある。そして、色は塩漬けにしているため茶色がかったものが多いが、生の葉の緑色に近いものもある。

次に、関東風と関西風の「桜餅」の生地についてご説明したい。まず、関東風の「桜餅」の葉を剝がして触れてみると、焼いた生地なのでふんわりとしている。一方、関西風は蒸した生地なので粘り気があるため、葉を剝がして食べる時、上手く取らないと葉に生地がくっつくこともある。私は上手く剝がすことができると嬉しいが、上手く取れないと悔《くや》しい。「さざえ」を焼いた折、殻の中から身を取りだす時に先端まできれいに取れると気持ちいいが、完全に取れないと悔しいのと同じ気持ちだ。ゆえに、桜の葉を剝がす折、私は黒文字などを使い注意して取り去るようにしている。

そして、食べてみると、関東風はやわらかくて軽い食感のものが多いが、関西風はもちもちとしており食べ応えがある。このように、二つの「桜餅」の食感は大きく異なる。

ここまで「関東風」と「関西風」の「桜餅」についてご説明したので、次に本テーマの「葉の扱い」についてお伝えしたい。

東京、京都、大阪において「桜餅」を作っている老舗と「全国和菓子協会」でお教えいただいた話を中心にお届けしようと思う。

はじめに、東京からお話ししたい。

塩漬けにした桜の葉を用いた「桜もち」は、向島《むこうじま》の「長命寺《ちょうめいじ》」寺男《てらおとこ》の山本新六氏が、江戸時代中期の享保2年（1717年）に土手の桜の葉を塩漬けにして作って売りだしたのが始まりとされる。江戸時代後期に出された随筆の「兎園《とえん》小説」には、この「桜もち」のことが書かれており、その内容から当時大いに売れたことが推測できる。また、浮世絵にも「桜もち」が描かれており、人気の高かったこともわかる。

江戸時代に向島で「桜もち」を売っていた店は、今も向島の隅田川に面する場所において「長命寺桜もち山本や」の名前で店を構える。この店では「桜もち」と表記しているので、「桜もち」と記述する。この老舗で売られている「桜もち」は、一般的な関東風のものと違いがある。まず、生地が違う。一般的な関東風の「桜餅」は食感が軽く、あわいピンクに着色されているが、この店のものは非常にもちもちとした食感であり着色されていない白色である。そして、葉にも特徴があり、大きいサイズのものが2～3枚巻かれている。

この店が桜の葉をどのように考えているかというと、食べないで剝がすようにすすめている。それは、桜の葉が香りづけと乾燥を防

「長命寺桜もち山本や」の「桜もち」
葉を剝がしたところ

ぐためのものとして作られているからである。ただし、食べられる葉が使われているので、1枚程度であれば食べてもかまわないとのことだ。

「長命寺桜もち山本や」以外の室町時代、江戸時代、明治時代創業の老舗でも葉の扱いを尋ねた。その中で、江戸時代創業の店の一つが、「長命寺桜もち山本や」と同様に葉を食べないで剝がすことをすすめていた。剝がすことをすすめるわけは、塩味のつけられた葉を香りづけとして作っているからであった。

葉を食べないようすすめる二つの店についてお伝えした。しかし、2店以外は、私が調査した限り、すべての老舗が剝がすか食べるかはお客さんの好みとしていた。というわけで、東京の老舗は、ほとんどの店が葉の扱いをお客さんに任せていた。

続いて、京都、大阪についてお話ししたい。

先ほどお話しした江戸時代の江戸で人気を博した「桜もち」は京都、大坂に伝わり、同じようなものが売られるが、その後姿を消す。

大正15年（1926年）に京都府内務部が発刊した『京之華』の中に、京都の「桜餅」に関わる記述がある。

この書には、明治30年（1897年）頃、奥村又兵衛氏が、桜の名所である京都嵯峨の名物として作り売りだしたと書かれている。奥村氏の作った「桜餅」には2種類があった。一つは道明寺で作ったものを桜の新葉で包んだものである。ただし、小豆餡は入っていない。もう一つは道明寺で作ったものを小豆餡で包んだものである。ただし、桜の葉は使われていない。

しかし、奥村氏が作った「桜餅」は、現在の一般的な関西風の「桜餅」とは異なる。現在の一般的な関西風「桜餅」がいつどこで誕生したのかは、調べたがわからなかった。

桜の葉の扱いについて京都の老舗で尋ねた。

ご紹介した『京之華』に掲載されている2種類の「桜餅」のうち、桜の新葉で包んだものには餡が入っていないのだが、現在の嵐山に店を構える「本家《ほんけ》櫻《さくら》もち琴《こと》きき茶屋《ちゃや》」の「櫻もち」（この店では「櫻もち」と表記しているので、「櫻もち」と記述する）も道明寺餅が塩漬けの葉で包まれており、餡が入っていない。この老舗は葉を食べるようにすすめている。それは、一緒に食べると、ほんのり甘く味付けされた道明寺餅と桜の葉の風味が融合した味わいを堪能できるからである。また、こし餡をお召しあがりになりたいあなたには、こし餡で道明寺餅を包んだ「餡餅《あんもち》」もある。

他の京都の老舗でも葉の扱いを尋ねた。

一般的な関西風「桜餅」を作っている老舗では、剝がすことをすすめる店があるものの、剝がすか食べるかはお客さんの好みに任せている店が大半

「本家櫻もち琴きき茶屋」の
「櫻もち」（右）と「餡餅」（左）

であった。ただ、伺った老舗の中に、塩漬けの葉ではなく、生の葉を用いている店があった。生の葉を用いた「桜餅」は非常に珍しい。生なので、食べる前に当然剝がす。お伝えしたように、京都の老舗では、食べることをすすめる店も、剝がすことをすすめる店もあったが、剝がすか食べるかをお客さんの好みに任せている店が東京と同じく多かった。

大阪でも江戸時代創業の和菓子の老舗において葉の扱いを尋ねた。天保年間（1830年～1844年）創業の「菊壽堂義信《きくじゅどうよしのぶ》」、安政5年（1858年）創業の「浪芳庵《なみよしあん》」、文久3年（1863年）創業の「鶴屋八幡」は、どの店も剝がすか食べるかをお客さんの好みとしていた。大阪の老舗は、私が調べた限り、すべての店が葉の扱いをお客さんに任せていた。ご紹介した3店の「桜餅」は次ページに掲載したのでご覧ください。

話は少しそれる。

このテーマの冒頭で「桜餅」を春の和菓子としてご紹介したが、春でなければ食べられないわけではない。季節を問わず販売している店もある。塩漬けの桜の葉は年中入手できるので、作ろうと思えばいつでも作れるからだ。東京の「長命寺桜もち山本や」や、京都の「本家櫻もち琴きき茶屋」などの店が年中提供している。「桜餅」を好きな方はこれらの店で求めれば、桜の季節に限らず、いつでもお召しあがりになる

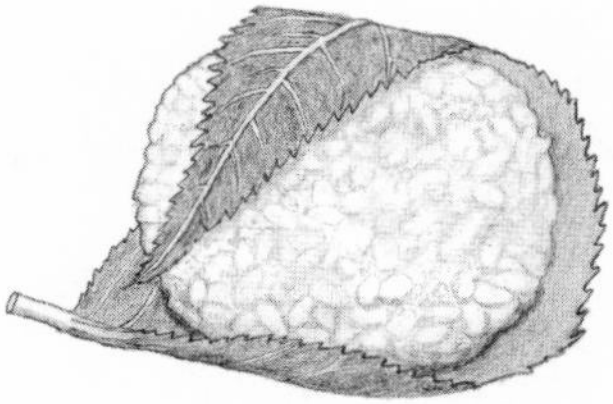

「菊壽堂義信」の「桜餅」

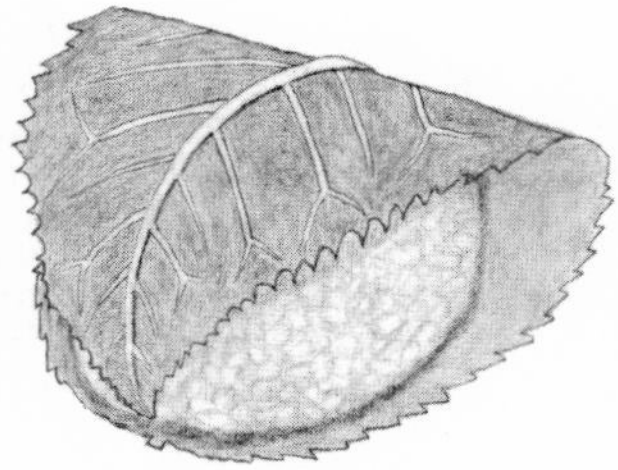

「浪芳庵」の「桜餅」

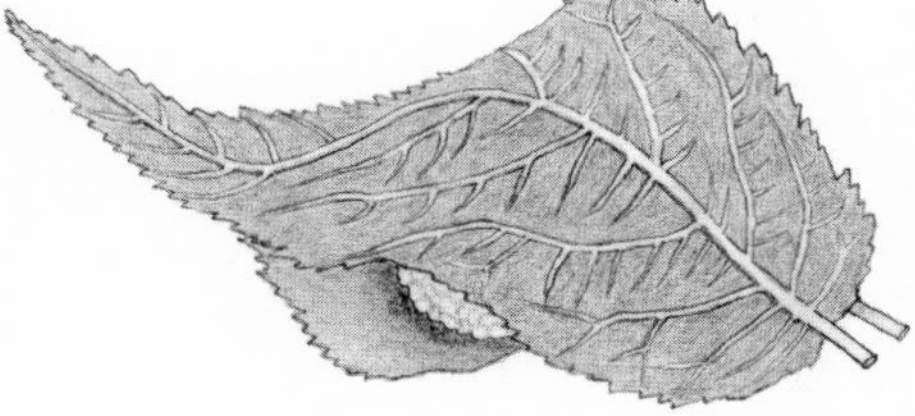

「鶴屋八幡」の「桜餅」

ことができる。

話を葉に戻したい。

これまでは老舗における葉の扱いをお伝えしてきたが、ここで「全国和菓子協会」の考え方をご紹介したい。「全国和菓子協会」とは全国の多くの和菓子店が加盟している団体だ。

全国和菓子協会では、『桜餅の葉を食べるか、否かは、あくまでも召し上がる方のお考えによるものです。桜葉は食べて頂いて差し支えありませんが、桜の葉は筋張っている事もありますし、味や香りが強いために餅と餡の風味が味わいにくくなります。桜の葉をはがすと、餅に移った桜葉の香りが、餅と餡の風味と程よく調和して本来の味を楽しんで頂けるとお勧めしています』としている。

以上のとおり、全国和菓子協会と、東京、京都、大阪の老舗が「桜餅」の葉をどのように考えているかについてお話しした。お伝えしてきたとおり、老舗は店によって

「桜餅」の作り方がそれぞれであり、葉の扱いの考え方も異なる。**東京、京都、大阪の老舗の考え方をまとめると、剝がすことをすすめる老舗は少数で、味わうことをすすめる老舗もあるものの、ほとんどが剝がすか食べるかをお客さんの好みに任せている。**

これまでお話ししてきた内容を参考にされ、あなたの好みの食べ方で味わうと、「桜餅」をご堪能いただけると思う。ご紹介した老舗を含め、いろいろな店の「桜餅」をぜひご賞味ください。

おわりに、私の食べ方をお伝えしたい。

自分で求める場合は、店に葉の扱い方や産地を尋ねる。食べ方は店のおすすめに従う。剝がすようにすすめる店のものは剝がす。食べるようにすすめる店のものは味わう。剝がすか食べるかをお客さんの好みに任せるとしている店のものは、剝がしていただくようにしている。

「桜餅」の味わい方の
一口まとめ

□ 国内産の桜の葉は、ほとんどが伊豆地方のオオシマザクラである。

□ 「全国和菓子協会」では、「桜餅の葉を食べるか、否かは、あくまでも召し上がる方のお考えによるものです。桜葉は食べて頂いて差し支えありませんが、桜の葉は筋張っている事もありますし、味や香りが強いために餅と餡の風味が味わいにくくなります。桜の葉をはがすと、餅に移った桜葉の香りが、餅と餡の風味と程よく調和して本来の味を楽しんで頂けるとお勧めしています」としている。

□ 「桜餅」を作っている東京、京都、大阪の老舗のうち、剝《は》がすことをすすめる店は少数で、味わうことをすすめる店もあるものの、ほとんどの店が剝がすか食べるかをお客さんの好みに任せている。

3.「カニ」には、「ズワイガニ」「ケガニ」「越前《えちぜん》がに」「松葉《まつば》がに」をはじめ、いろいろな名前のものがあるが、どのような違いがある？

『「カニ」を食べると、無口になる！』とよくいわれる。そのわけは、殻のついた「カニ」を食べる時、殻から身を取りだすために手間がかかるので、取る作業に集中しなければならず、かつ、人を魅了する「カニ」の味わいによって、一旦食べ始めると食べ終わるまで箸が止まらず食べ続けるからであろう。かくいう私も茹でた「カニ」や蒸した「カニ」をいただく時には、殻から身を取り出して口へ運ぶことに没頭するため自然と無口になる。

殻から身を取りだす手間が面倒なので、誰かに取ってもらいたいという方もいらっしゃるが、私は殻から身を取り出すことがまったく苦にならない。それどころか、人《ひと》に取ってもらいたくない。そのわけは、取ってもらうと身から「うま味」や「甘味」

などの味が流れ出してしまうからである。甲羅、脚、爪から身を取ったら、すぐ口に運ぶと「カニ」の味わいを余すことなく感じることができるので、自分で取ることを厭《いと》わない。このように、私は「カニ」が大好きだ。

ただ、「カニ」とひと口にいっても、種類が多く、味わいも異なり、名前はさらに多い。よく耳にしたり、目にしたりする「カニ」の名前は、「ズワイガニ」「ケガニ(毛蟹)」「ワタリガニ」「ベニズワイガニ」「越前《えちぜん》がに」「松葉《まつば》がに」「加能《かのう》ガニ」「セイコガニ」「セコガニ」「香箱《こうばこ》ガニ」「香住《かすみ》ガニ」などである。

これらは日本の周辺の海で獲れる「カニ」だが、どのようなものかをあなたはご存知であろうか?

さまざまな名前の「カニ」がどのような種類なのか?

それぞれの味わいはどのようなものか?

挿し絵や表も用いて、日本周辺の海で獲れるさまざまな「カニ」についてわかりやすくご説明しようと思う。

先ほど名前をあげた「カニ」は、同じ種類のものがあれば、違う種類のものもある。いろいろな名前があるのは、地域においてつけられている「地域名」や「ブランド名」などが多いからだ。これから丁寧に説明させてもらうものの、かなり多くの「カニ」の名前が登場するので、あなたは少し混乱されるかもしれない。もし、そのようにお感じになったら、大筋を把握するようにお読みください。

はじめにご紹介するのは「ズワイガニ」である。

「ズワイガニ」は日本海、北太平洋、オホーツク海などに生息しており、日本海側の漁港に水揚げされるものが名高い。**この「ズワイガニ」は地域によって、さまざまな名前がつけられている。よく知られているのは、福井県の「越前がに」、兵庫県・鳥取県・島根県・京都府の「松葉がに」、石川県の「加能ガニ」である。**「松葉がに」の名前の由来は、脚が松葉のように長いからという説、松葉を焼いて食べたからという説など諸説あるが、定かではない。「加能ガニ」は、石川県の加賀地方の「加」と、能登地方の「能」を合わせた名前である。**他にも、新潟県の「越後本《えちごほん》ズワイ」、山形県の「庄内北前《しょうないきたまえ》ガニ」、秋田県男鹿産の「舞雪《まいせつ》がに」がある。また、富山県より北の地域では「本《ほん》ズワイガニ」ということも多い。しかし、北海道では単に「ズワイガニ」ということが一般的だ。**「本ズワイガニ」という名前は、後でご紹介する「ベニズワイガニ」と区別するため、「本《ほん》」をつけて二つの「カニ」の違いを明確にしたものである。

これらのさまざまな地域における名前は、オスの「ズワイガニ」を指すことが一般的である。「ズワイガニ」は79ページの絵のとおり、オスとメスで大きさが全く違い、オスが大きい。価格面でも、オスはメスに比べて格段に高い。オスは「ズワイガニ」特有のうま味、甘味、香りをしっかりと味わえる。茹でたり、蒸したり、焼いたり、鍋に入れたり、刺身にしたりなどして食べる。また、濃厚なミソを食べられるのも大きな魅力である。

一方、メスは茹でたり、蒸したり、味噌汁に入れたり、丼にしたり、おでんにしたりなどして食べる。特徴は「外《そと》子《こ》」「内子《うちこ》」を味わえることだ。外子は卵、内子は卵巣である。外子はプチプチした食感を、そして、内子は濃厚でねっとりした味わいを楽しむことができる。ただし、メスは資源確保のため漁獲期間が短いので、現地へ出かけてお召しあがりになる場合にはご注意ください。

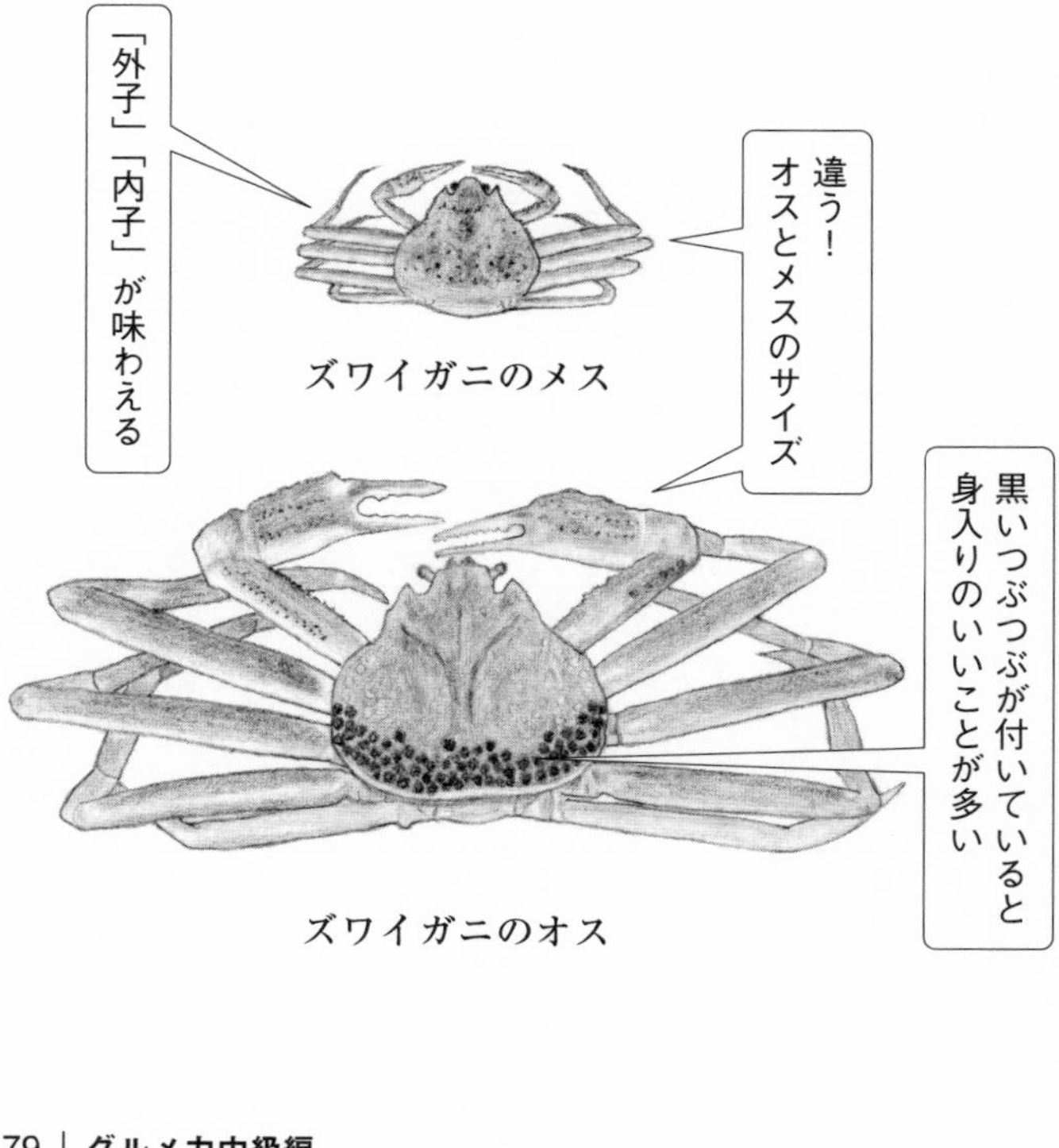

「外子」「内子」が味わえる
違う！オスとメスのサイズ
黒いつぶつぶが付いていると身入りのいいことが多い

ズワイガニのメス

ズワイガニのオス

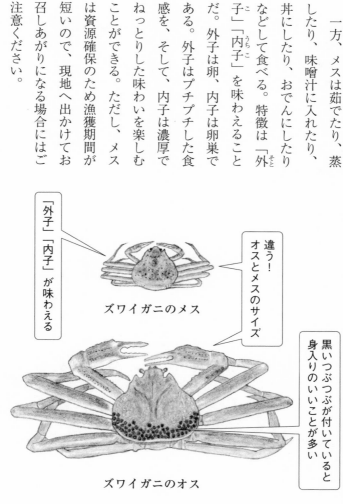

表1　ズワイガニの地域名・ブランド名

<table>
<tr><th>府県名</th><th>オス（一般的にオス）</th><th>メス</th></tr>
<tr><td>島根県</td><td rowspan="4">松葉がに</td><td>セコガニ、親ガニ</td></tr>
<tr><td>鳥取県</td><td>親ガニ、セコガニ、子持ガニ</td></tr>
<tr><td>兵庫県</td><td>セコガニ</td></tr>
<tr><td>京都府</td><td>コッペガニ、セコガニ</td></tr>
<tr><td>福井県</td><td>越前がに</td><td>セイコガニ</td></tr>
<tr><td>石川県</td><td>加能ガニ</td><td rowspan="2">香箱ガニ</td></tr>
<tr><td>富山県</td><td>本ズワイガニ</td></tr>
<tr><td>新潟県</td><td>越後本ズワイ、本ズワイガニ</td><td>メガニ</td></tr>
<tr><td>山形県</td><td>庄内北前ガニ、芳がに</td><td>メガニ、クボガニ</td></tr>
<tr><td>秋田県</td><td>舞雪がに、本ズワイガニ</td><td>メガニ</td></tr>
<tr><td>北海道</td><td>ズワイガニ</td><td>特になし</td></tr>
</table>

「ズワイガニ」のオスとメスは大きさや味わいが異なることから、メスには別の名前がつけられている。福井県では「セイコガニ」、石川県では「香箱《こうばこ》ガニ」といわれ、他にも、「セコガニ」「親ガニ」「子持《こもち》ガニ」「コッペガニ」「メガニ」「クボガニ」などの名前を持つ。

このように、「ズワイガニ」は、地域によって、また、オスとメスによってもさまざまな名前がつけられている。わかりやすく一覧表にして上に掲載したのでご覧ください。

お伝えした名前の他に、特定の港で

表2　特定の港におけるズワイガニの名前

府県名	水揚げ港	オスの名前
兵庫県	津居山港	津居山かに
	柴山港	柴山かに
	網野浅茂川港	網野ガニ、大善ガニ
京都府	間人港	間人ガニ
	舞鶴港	舞鶴かに

水揚げされた「ズワイガニ」のオスにつけられた名前もある。たとえば、京都府間人《たいざ》港で水揚げされたものは「間人《たいざ》ガニ」、兵庫県津居山《ついやま》港で水揚げされたものは「津居山《ついやま》かに」といわれる。これらの名前を上に記したのでご覧ください。

ここで、私がおすすめする「ズワイガニ」のオスの贅沢《ぜいたく》な食べ方をご紹介したい。

それは、大きくて、身がしっかり詰まり、活きているものを「茹でたて」で食べることである。「茹でたて」は「ズワイガニ」のオスの醍醐味だ。茹でたてを食べるには、産地において店内で茹でている料理店に『茹でたてを食べたい！』と事前に注文しておき訪れる。茹でた「カニ」を切って提供してもらうと、「うま味」や「甘味」が流れ出てしまうので、自分で切って食べるのがベストだ。店の方に切ってもらうのであれば、食べる直前がいい。

ただ、お話ししておいて恐縮だが、大型の「ズワイガニ」のオスは特に高価なため私もなかなか手を出しづらい。ゆえに、高額であっても至高の味わいを求めていらっしゃる方におすすめする。

余談だが、「ズワイガニ」に関わる私の思い出話をさせていただきたい。

確か中学生の頃、母が懇意だった市場の魚屋さんで「ズワイガニ」を求めてきてくれたことがあった。その味わいが極上であったことを今も覚えている。私の「カニ」好きは、当時「ズワイガニ」の味わいに魅了されたことが始まりと思っている。

「カニ」というと、あなたは北海道を思い浮かべていらっしゃるのではないだろうか。いろいろな種類のものが獲れるが、やはり北海道といえば「ケガニ」だ。**北海道では地域によって「ケガニ」の漁期が異なるため通年獲れ、年中新鮮なものを食べること**

ができる。

私がはじめて「ケガニ」と出合ったのは大学生の時、函館に旅行した折であった。丸っこくて愛らしい見た目と、今までに食べたことのない味わいだったことをはっきりと覚えている。大学生にとっては高価格であったため、飲食店で少しだけ味わった。

「ケガニ」にも産地による名前のつけられているものがあるので次にお伝えしたい。

北海道南西部の噴火湾《ふんかわん》で獲られたものは「噴火湾産《ふんかわんさん》毛ガニ」といわれている。東部には、釧路町の昆布森《こんぶもり》沖で獲られた「昆布《こんぶ》森沖産《もりおきさん》毛ガニ」、厚岸《あっけし》の大黒島《だいこくじま》沖で獲られた「大黒《だいこく》毛ガニ」、浜中町の「浜中産《はまなかさん》毛ガ

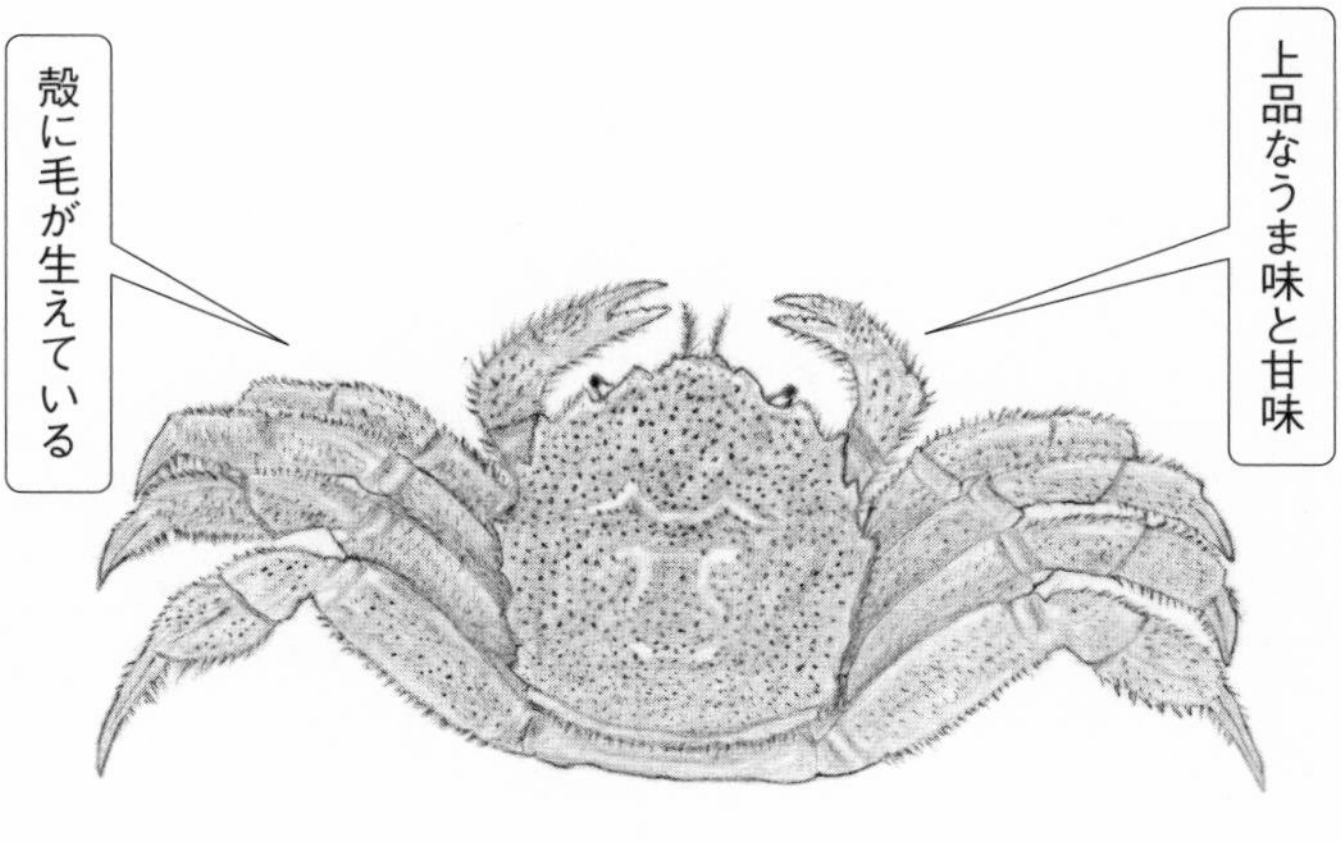

ケガニ

ニ」や「散布毛ガニ《ちりっぷ》」などがある。そして、オホーツク海に面する北部の枝幸町《えさしちょう》に水揚げされたものは「枝幸《えさし》毛ガニ」といわれる。

「ケガニ」の味わいの特徴は上品なうま味と甘味だ。茹でたり、蒸したり、刺身などにして食べる。「ズワイガニ」のオスと比べると脚は短いが、殻がやわらかめなので、身を取りやすい。甲羅の中にも身がしっかりと詰まっており、食べ応えがある。また、ミソも味わえる。「ズワイガニ」のオスより割安な金額で「カニ」の味わいを堪能できる。

私がおすすめする「ケガニ」の食べ方は、大きくて、身のしっかり詰まり、活きている「カニ」を、茹でるか蒸してもらい、調理後早めに味わうことだ。調理された「カニ」をテイクアウトして自宅に持ち帰る場合は、氷や保冷剤を入れて運び、自宅では冷蔵庫で保管（冷凍庫には入れない）し、やはりできるだけ早く（二、三日以内）味わいたい。日がたつと、味が落ちるし傷《いた》むからである。

「ケガニ」を味わえる店として、北海道の釧路市にある「絹本店《きぬほんてん》」をご紹介したい。

こちらの店では釧路周辺で漁獲された新鮮なものを賞味できる。釧路周辺では秋が「ケガニ」の旬なので、訪れるのであればこの時期である。また、「ケガニ」に加えて、時期によっては「ズワイガニ」や、この後お伝えする「タラバガニ」「ハナサキガニ」も提供している。かつ、これらの「カニ」を茹でたてでいただくこともできる。そして、釧路は「世界三大夕日」の一つとされており、店のすぐ近くの「幣舞橋《ぬさまいばし》」から眺める夕景は美しい。

ここで、これまでほとんど触れてこなかった「タラバガニ」をご紹介したい。触れてこなかったのは、あなたもご存知かもしれないが、「タラバガニ」が生物学上、「カニ」ではなく「ヤドカリ」の仲間だからだ。生物学上の分類では「カニ」でなくとも、一般には「カニ」として食べられている。「タラバ」という名前は、昔から魚の「タラ」の漁場で一緒に獲られていたのでつけられたようだ。

私がはじめて「タラバガニ」を味わったのは、「カニ」料理専門店の鍋料理であった。社会人になってからのことである。脚が太かったことをよく覚えている。脚が太くて身を取りやすいから、『「カニ」は身を取るのが面倒なのでキライ！』とお思いの方には、さばかれた「タラバガニ」の脚をお召しあがりになることがおすすめだ。ただ、殻のトゲは「薔薇《ばら》」のトゲのように鋭くとがっているので、自分でさばいて食べる場合には注意が必要である。鍋に入れる他、茹でたり、蒸したり、焼いたりなどする。また、メスには「外子」や「内子」もある。ミソは、茹でたり蒸したりすると固まらず液状になるとともに、味もよくないため一般的に食べない。

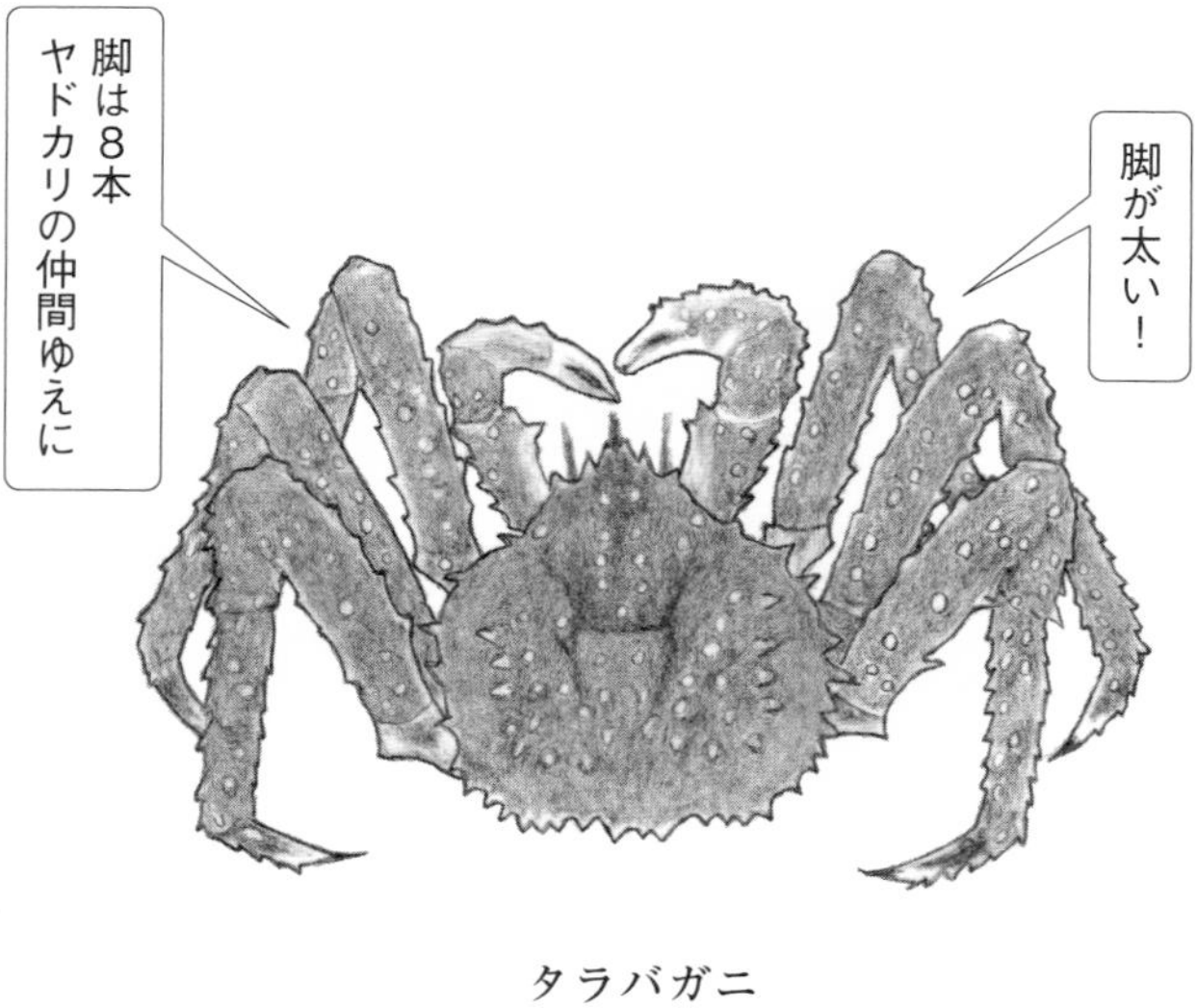

タラバガニ

「タラバガニ」は、日本近海では北海道周辺に生息している。ただし、漁獲量は少ない。なので、国内で流通しているもののほとんどが輸入品である。

続いてご紹介する「カニ」は、日本各地に生息している「ワタリガニ」である。**正式名称は「ガザミ」だが、「ワタリガニ」といわれることが多い。**太平洋沿岸地域、瀬戸内海沿岸地域、九州沿岸地域などの地域では、「ズワイガニ」や「ケガニ」が食べられるようになるまで、「カニ」といえば「ワタリガニ」を指すほど身近なものとして食べられてきた。味わいの特徴は身の濃厚さであり、メスは「外子」や「内子」も味わえる。茹でたり、蒸したり、酢の物にしたり、味噌汁にしたりなどして食べる。比較的気軽に食べられるところが「ワタリガニ」の嬉しいところだ。

「ワタリガニ」にも地域でつけられた名前がある。**佐賀県太良町《たらちょう》では「竹崎《たけざき》カニ(ガネ)」、長崎県雲仙市多比良港《たいらこう》沖で獲ったものは「たいらガネ」、長崎県島原市有明町では「有明《ありあけ》ガネ」といわれ、これらは有明海で漁獲されたものである。**九州から瀬戸内海沿岸地域では、「カニ」のことを「ガネ」ともいうので、このような名前がつけられている。**そして、福岡県の豊前海に面した地域では「豊前本《ぶぜんほん》ガニ」、大分県宇佐市では「豊幸《とよさち》がに」、大分県豊後高田市では「岬ガザミ」、富山県射水《いずみ》市では「越《こし》のわたり蟹《がに》」といわれ、他にも各地においていろいろな名前で呼ばれてきた。**

次にご紹介するのは「ベニ（紅）ズワイガニ」である。「ベニズワイガニ」は「ズワイガニ」の仲間だ。なお、「メス」は資源保護のため禁漁になっている。「ベニズワイガニ」は殻が紅色なので、この名前がつけられた。活きている状態で、外側も内側も紅色だ。

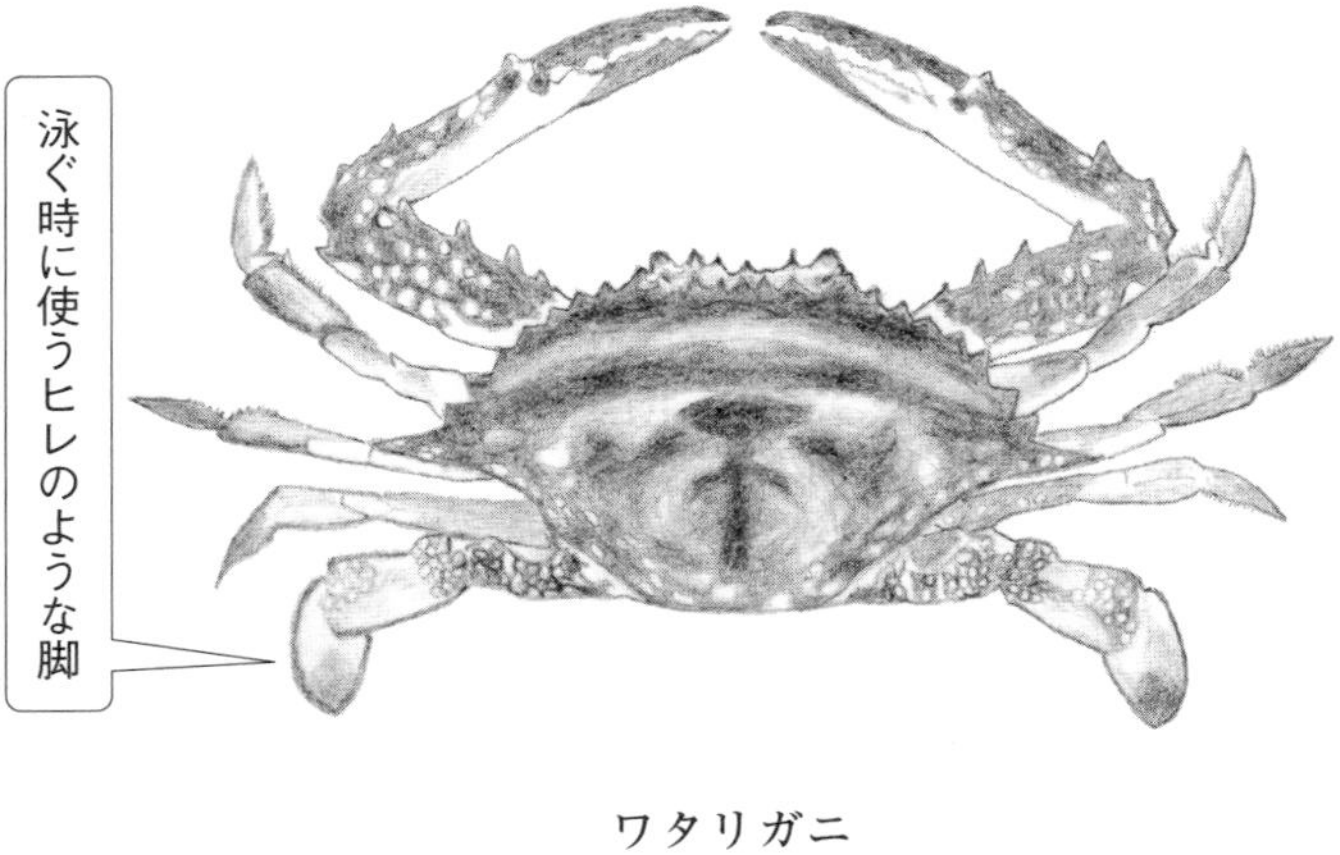

ワタリガニ

「ベニズワイガニ」は「ズワイガニ」と名前が似ているが、味わいは異なる。「ズワイガニ」と比べると、身の水分量が多めで、身の入りは少なめである。そして、価格面では「ズワイガニ」より安い。二つの「カニ」は名前だけでなく形も似ているために混同されることもあるので、味わいも価格も違う「カニ」ということをおわかりいただいた上でお求めいただければと思う。そして、先ほどお伝えしたように、「本ズワイガニ」は「ズワイガニ」のことである。

「ベニズワイガニ」は日本海で多く獲れるが、深海に生息しているので船に揚げると水圧や温度が変わるため早く弱る。それゆえ、産地であれば茹でたてのものを味わえるものの、流通しているものは加工品か茹でたものが大部分である。加工されたものや茹でられたものは、カニクリームコロッケ、カニチャーハン、カニご飯、カニ玉、カニグラタン、スパゲッティなどのいろいろな料理に用いられる。

「ベニズワイガニ」にも地域による名前がある。兵庫県香住《かすみ》港で水揚げされたものは「香住《かすみ》ガニ」といい、富山県産のものは「高志《こし》の紅《あか》ガニ」という。「香住ガニ」と「高志の紅ガニ」は「ベニズワイガニ」であり、「ズワイガニ」でないことを改めてお伝えしておきたい。

これまでにご紹介した「ズワイガニ」「ケガニ」「タラバガニ」「ワタリガニ」「ベニズワイガニ」は「グルメ力中級」の知識や情報としてお伝えした。これらをおおよそ見分けられると、「カニ」を食べることがより楽しめる。

そして、ここからはご紹介したものと比べて知名度が低いが、各地で食されている「カニ」をご紹介する。「グルメ力上級」の内容としてご覧いただきたい。

最初に、各地に生息している「モクズガニ」をご紹介する。「モクズガニ」は海で生まれ、川を上り、河川や湖沼で大きくなり、繁殖のために海へ下るという一生を送る。殻ごとすりつぶして汁にしたり、炊き込みご飯にしたり、塩茹でにしたりなどして食べる。「モクズガニ」も各地でさまざまな名前で呼ばれているので、代表的なものをお伝えしようと思う。本州の静岡県辺りから西の地域では「ズガニ」、九州北中部と四国の一部では「ツガニ」、九州中南部では「ヤマタロウガニ」、東北と北海道では「カワガニ」といわれる。

続いてお伝えするのは、「トゲノコギリガザミ」である。甲羅と大きな爪の中に身がしっかり詰まっている。茹でるか蒸して食べることが多い。各地にさまざまな名前があり、静岡県浜名湖周辺では「ドウマンガニ」、徳島市周辺では「ドテホリ」、高知市周辺では「エガニ」、沖縄県では「マングローブガニ」などと呼ばれている。

次にご紹介するのは、「タラバガ

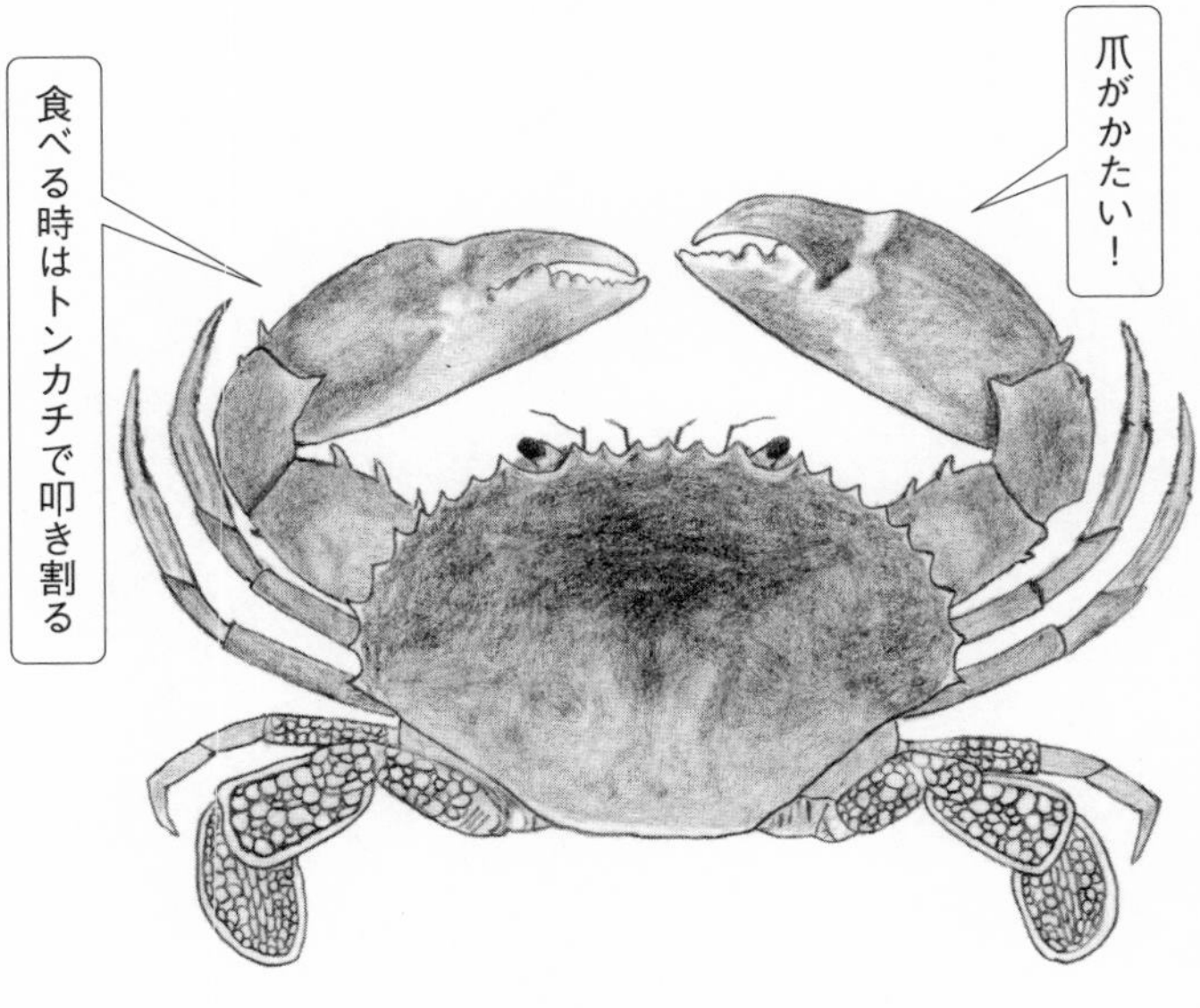

トゲノコギリガザミ

ニ」と同じヤドカリの仲間の「ハナサキ（花咲）ガニ」と「アブラガニ」である。

「ハナサキガニ」からお話しすると、国内では北海道の道東の海域に生息している。そのため、釧路や根室の店舗では旬の季節になると見かけることが多い。昆布が多い海に生息しているためか、「コンブガニ」とも呼ばれる。味は濃厚で、食感は弾力がある。茹でたり、焼いたり、鍋にしたり、汁にしたりなどして味わう。

もう一つの「アブラガニ」は日本海、オホーツク海、ベーリング海などに生息するが、国産のものは少なく、ロシア、アメリカ、カナダなどから輸入されているものが多い。味は「タラバガニ」と似ている。蒸し、焼き、茹で、味噌汁、鍋などで食べる。ミソは、この「アブラガニ」も「ハナサキガニ」も、「タラバガニ」のミソと同様の理由で一般的に食べない。

最後に、「クリガニ」と、その仲間の「トゲクリガニ」をお伝えしたい。二つの「カニ」は見た目が似ており、味わいも似ている。ミソの味が濃厚であり、茹でたり、味噌汁にしたりなどして食べる。ただ、生息海域が異なり、大まかにいうと、「クリガニ」は北海道太平洋岸より北で、「トゲクリガニ」は北海道西岸より南である。「トゲクリガニ」は青森県の陸奥湾に水揚げされるものが特に有名であり、青森では桜の咲く頃に旬を迎えるので、「桜ガニ」や「花見ガニ」という名前で呼ばれることもある。

以上のとおり、多くの「カニ」と、これらにつけられているさまざまな名前をご紹介した。これらの他にも日本周辺の海では多くの種類のものが獲れるが、ここで一区切りとさせていただきたい。

「カニ」は今までお伝えした料理だけでなく、和食、フランス料理、イタリア料理、中華料理、洋食などのいろいろな料理にも使われている。さまざまに調理された「カニ」料理をぜひお楽しみください。

日本で獲れる「カニ」の一口まとめ

- □「ズワイガニ」は、日本海沿岸の各地でさまざまな名前がつけられている。
- □メスの「カニ」は、「内子」や「外子」も味わえる。
- □「ズワイガニ」「ケガニ」「タラバガニ」「ワタリガニ」「ベニズワイガニ」がわかると、日本の周辺の海で獲れる「カニ」をおおよそ見分けられる。

4. 餃子の町として知られている「宇都宮」と「浜松」は餃子支出金額を競ってきたが、「宇都宮餃子」と「浜松餃子」はどのような餃子で何が違う？

私は焼《やき》餃子を味わうとビールが飲みたくなる。熱く焼かれた餃子の風味、食感などで条件反射的に心地よい「苦味」のビールが欲しくなる。アツアツの焼餃子を頬張りながら飲む冷えたビールの爽快感は格別だ。私にとって、餃子はビールと最も相性のいい料理の一つである。ただ、夏はビールが進むので、飲み過ぎに気をつけている。

そして、ランチではご飯と一緒にいただく。ラーメンと一緒にお召しあがりになるのが好みの方も多いと思うが、私はご飯をお供にする。ランチの折はご飯が必須である。

この餃子で有名な町が「宇都宮」と「浜松」であり、「宇都宮餃子」と「浜松餃子」は広く知られている。また、二つの町は餃子支出金額も長年競ってきた。あなたは「宇都宮餃子」と「浜松餃子」がどのような餃子なのかを詳しくご存知であろうか？

私は「宇都宮餃子」「浜松餃子」を食べたことがあったが、より細かく知りたいと思い、宇都宮と浜松に何度も出かけ、多くの店舗でいろいろな種類の餃子をいただいた。このようにしてわかった「宇都宮餃子」と「浜松餃子」の味わい、違い、共通点などを、「グルメ力中級」の知識や情報として詳しくお伝えしようと思う。

「宇都宮餃子」と「浜松餃子」のお話をする前に、テーマにも記した餃子支出金額について説明をさせてもらいたい。

公にされている餃子支出金額は、総務省統計局が実施している家計調査によるものであり、調査は一定数の世帯を抽出して行われる。対象となる餃子（総務省統計局の調査では「ぎょうざ」と記載しているが、この本では「餃子」と記述する）は、スー

パーなどの店舗で売られている調理済み餃子と生餃子である。これらの餃子を、抽出された世帯当たりでいくら購入したのかが餃子支出金額だ。調査対象の餃子がスーパーなどの店舗で売られている調理済み餃子と生餃子であるため、飲食店で餃子を食べてもこの金額に反映されないし、スーパーなどで冷凍餃子を購入しても反映されないので、餃子支出金額はその町に居住する世帯の餃子支出の一部分しか表していない。

また、総務省統計局は購入頻度も調査している。餃子をどれくらいの頻度で購入したのかという指標だ。ただし、これも餃子購入の一部分しか表していないのである。

この家計調査による餃子支出金額の1位（都道府県庁所在市及び政令指定都市のうち）に、宇都宮市、浜松市だけでなく、宮崎県宮崎市もなっている。ただ、ご説明したとおり飲食店で餃子を食べた金額や、店舗で冷凍餃子を購入した金額などは含まれない。なので、1位といっても、当該年における居住する世帯の餃子に関わる総支出金額の最も多い町とはいい切れないのである。

では、本題の「宇都宮餃子」と「浜松餃子」についてお話をしたい。

「宇都宮餃子」「浜松餃子」といわれている餃子がどのようなものかというと、「宇都宮餃子」とは宇都宮の餃子提供店や餃子製造業者が作っている餃子の総称であり、「浜松餃子」とは浜松の餃子提供店や餃子製造業者が作っている餃子の総称である。「宇都宮餃子」はこうでなければならないという明らかなきまりはなく、「浜松餃子」はこうであらねばならないというようなきまりは少ない。しかし、二つの餃子には種類、味わい、食べ方などに傾向が見られるので、違いと共通点をいろいろな視点からご紹介しようと思う。

はじめに、餃子の種類についてお伝えしたい。

餃子の種類には、「焼《やき》餃子」「水《すい》餃子」「揚《あげ》餃子」「蒸《むし》餃子」「スープ餃子」などがある。さまざまな餃子がある中で、日本では「焼《やき》餃子」が最も多く食べられている。餃子は中国から日本に伝えられたが、中国では水餃子が一般的であり、日本とは異なる。

まず、**宇都宮を見てみると、「焼餃子」だけでなく、「水餃子」も提供している店が多く、加えて「揚餃子」も提供している店が相当数見られる。**また、スープ餃子や蒸餃子を提供している店もある。そして、宇都宮では水餃子の食べ方に特徴がある。一般的に水餃子は茹でた後、湯を切って皿に盛り、それをたれにつけて食べる。しかし、宇都宮の店では、器に水餃子と、茹で汁や、わずかに味つけされた汁が入れられており、器の中へ好みで酢、醤油、ラー油などをかけて味わうのが一般的である。

一方、**浜松では、「焼餃子」だけを提供している店が多い。**水餃子、揚餃子、スープ餃子を提供している店もあるが少ない。

また、**宇都宮、浜松の店に入りメニューを見ると、餃子の種類だけでなく、提供さ**

宇都宮では「水餃子」もスタンダード
好みで酢、醤油、ラー油などをかけて

宇都宮餃子の水餃子の一例

れる餃子の数、つまり「基本数量」も異なっている。

宇都宮では、「基本数量」を6個としている店が多い。メニューには「1人前6個」や、「シングル6個、ダブル12個、トリプル18個」などと書かれている。

片や、**浜松では、「焼餃子10個、焼餃子15個、焼餃子20個」と、10個が一番少なく、そこから5個ずつ多くなる店と、「焼餃子8個、焼餃子12個、焼餃子16個」と、8個が一番少なく、そこから4個ずつ多くなる店が多い。**店によっては、十数個以上をオーダーすると、円盤のような形に焼かれた餃子が皿に盛られて提供される。

宇都宮の店では、先ほどお伝えしたように焼餃子、水餃子、揚餃子などが提供されているので、基本数量の少ないことにより、一度の食事でいろいろな種類の餃子を味わうことができて嬉しい。

それでは、餃子そのもののお話をしたい。ただし、浜松の餃子提供店では焼餃子が主で、水餃子や揚餃子はあまり提供されていないため、焼餃子に限定して「宇都宮餃子」と「浜松餃子」を比較させてもらう。まず、餡からお伝えしようと思う。

一般的な焼餃子の餡に用いる食材は、キャベツ、白菜、ねぎ、たまねぎ、にら、にんにく、しょうがなどの野菜。豚肉、鶏肉、牛肉などの肉類。えび、いか、貝、かになどの魚介類。椎茸などのきのこ類。醤油、塩、こしょう、味噌、酒類、オイスターソース、砂糖、ハチミツ、ごま油、八角などの調味料。だし、ラード、玉子などのつなぎである。どの食材をどれくらい用いるか、野菜の水分を抜くか抜かないか、食材をどのように切るか、餡をどの程度寝かせるかなどによって味わいは変わる。

「宇都宮餃子」と「浜松餃子」の餡を店の定番餃子でご紹介したい。

両餃子ともに、餡は肉多めのものもあるが、野菜のしっかりと入っているものが多い。使われている野菜は次のとおりである。

「宇都宮餃子」では、キャベツ、にら、ねぎ、にんにく、しょうがを入れる店が多く、たまねぎ、白菜などを入れる店もある。一方、「浜松餃子」では、キャベツ、にんにく、しょうがを入れる店が多く、たまねぎ、ねぎ、にらなどを入れる店もある。

二つの餃子に使われている野菜の違いを見ると、にらを「宇都宮餃子」では入れる店が多いが「浜松餃子」では少なく、白菜を「宇都宮餃子」では入れる店があるが「浜松餃子」では入れないのが一般的だ。

肉は、両餃子ともに豚肉を使う店がほとんどだ。中には鶏肉を加える店もある。

これまでに記した餡に関わる内容は各店の定番餃子のものであり、店によっては貝類を入れたものや、えびを入れたものなど、いろいろな具を入れた餃子も提供している。

餡を包む皮は両餃子とも店によってそれぞれだが、厚さは「浜松餃子」の方が「宇都宮餃子」よりも薄めのものが多い。そして、包んだ餃子の焼き方も店によってさまざまである。

続いて、出来あがった餃子につけるたれのお話をしたい。

たれに用いる調味料は「酢」「醤油」「こしょう」「ラー油」などが一般的だ。これらを用いて、酢醤油にしたり、酢にこしょうを入れたり、ラー油を加えて辛くしたりして、人それぞれ好みのたれを作る。私は「酸味」のしっかりときいたものが好きなので、普段は酢に醬油を少し加えて、たれを作っている。

　このたれに関して、宇都宮と浜松では「自家製だれ」を提供している店が見受けられる。自家製だれはその店の餃子に合うように調合されたものだ。味わいは店によってさまざまである。また、ラー油についても「自家製ラー油」を提供している店が多い。

　餃子そのものに関することではないが、**浜松の店で提供される焼餃子のユニークな特徴は、「茹でもやし」が付け合わせとして添えられていることだ。すべての店で添えられているわけではないが、添えられていることが**

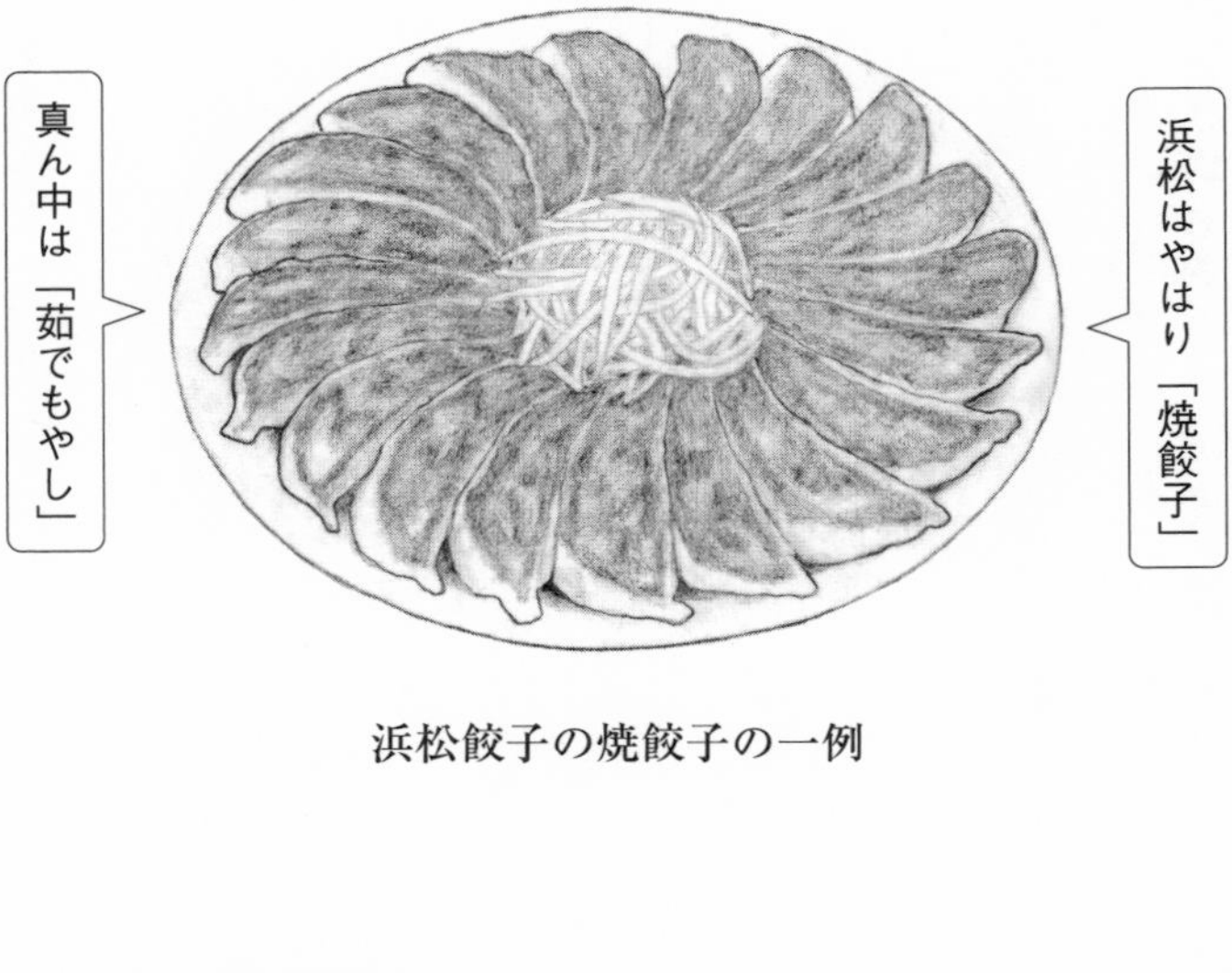

浜松餃子の焼餃子の一例

多い。この「茹でもやし」についてはテレビなどでもたびたび取りあげられているので、あなたもお聞きになったことがあるのではないか。味つけは、塩でうすくつけた程度のあっさりしたものだ。箸休めとされているが、どのように食べるかは自由である。これは「石松餃子本店」の創業者が考案したと思われる。フライパンで円盤状に焼いて中心の空いたところに「茹でもやし」を盛ったところ、お客さんに好評だったのでのせるようになったといわれている。


餃子から視点を移して、店舗の立地についてお話ししたい。

宇都宮と浜松は餃子の町といわれるだけあって、餃子を提供している店が多い。また、餃子専門店もある。しかし、その立地が二つの町では異なる。

まず、**宇都宮では市街地に店舗のあることが多い。**公共交通機関の便がよく、最寄り駅から徒歩で行ける店も多い。しかし、市街地にあるため駐車場が少なく、車で行く際は少々不便だ。

一方、**浜松では、市の中心地のみならず、郊外にある店も多い。**郊外の店は駐車場が広く、車で訪れるには便利だが、公共交通機関の便はあまりよくない。
二つの町の餃子店を訪問する際は、公共交通機関で出かけるのであれば市街地の店舗が、車で出かけるのであれば郊外店が便利である。

ご覧のとおり、「宇都宮餃子」と「浜松餃子」の違いと共通点をいろいろな視点からご説明した。**ご紹介したように「宇都宮餃子」と「浜松餃子」は、種類、基本数量、焼餃子の餡、皮、付け合わせ、店舗の立地などに違いがある。しかし、餃子自体はたっぷりの野菜で食べやすい味わいのものが多いという共通点を持つ。それゆえ、二つの餃子を女性も含む多くの方々が愛し、味わえる店舗が増え、テイクアウト店も多くなったようだ。このような経緯で、宇都宮と浜松は、餃子の町として有名になったと思われる。**

おわりに、家庭で作れる焼餃子をあなたにご紹介したい。ヘルシーで軽い食感ながら、風味があふれる餃子だ。特別な食材は用いない。

材料は、豚ひき肉２５０g、醤油大さじ１・５杯、塩小さじ2杯、こしょう少々、日本酒大さじ1杯、おろしにんにく大さじ1杯、おろし生姜大さじ０・５杯、市販の餃子の皮50枚である。この材料で50個の餃子が出来る。

まず、用意した豚ひき肉にご紹介したすべての調味料を加え、肉の色が白っぽくなるまでしっかりと練り、冷蔵庫で数時間寝かせる。

調味料を混ぜた肉を寝かせている間に、キャベツ約４１０g、たまねぎ約２００g、にら約１００gをみじん切りにする。キャベツは、色が白めでやわらかいものを使うと、口当たりのよい餃子になる。にらが好みでなければ、にらを入れず、キャベツ約４６０gとたまねぎ約２３０gをみじん切りにする。

肉を冷蔵庫で寝かせたら取り出し、みじん切りにした野菜を入れて混ぜる。これで、餡は完成だ。

この餡を皮で包む。餡は、たっぷり詰まっていると味がいい。しかし、市販の皮はメーカーによってサイズが異なるので、サイズに応じて野菜の量などを加減してしっかり詰めてください。また、包む折、皮の周りに水をつける方もいらっしゃると思うが、私は何もつけないで包む。何もつけなくても問題なく包めるし焼ける。水をつける手間が省け、時間も短縮できるのでおすすめだ。

餃子を包み終わったら焼く。私は鉄のフライパンで焼くことが多いが、テフロンを使うと簡単に焼けるし、使っていらっしゃる方も多いと思う。なので、テフロンのフライパン（直径26～28㎝）を使い、16個をガスで焼く設定にてご説明しようと思う。

まず、フライパンにサラダ油を大さじ1・5杯流し入れ、底面に油がつくように餃子を円盤状に並べる。ガスを強火にしてつけ、フライパンの位置を変えながら3～4分ほど焼いて底面にうっすらと焼き目をつける。焼き目がついたことを確認できたら、湯210ml程度を餃子にかけるように注ぎ、ふた（中の見えるふたが便利）をして蒸し焼きにする。皮の厚さが中程度（1㎜程度）の場合、フライパンの位置を変えながら強火で7分程度焼く。7分程度焼かないと餡に火がとおらないので、もし途中で水分がなくなってしまったら、湯を追加で注ぎ焼いてください。水分がおおよそなくなったら弱火にし、ふたを取り、ごま油大さじ1杯を餃子の周囲にかける。底面を見て、適度な焦げ目がついていたら出来あがりだ。ただ、最後はあっという間に焦げるのでご注意ください。

私はこの餃子を家で作り、家族に大変喜ばれている。底面がカリッとした食感のヘルシーな餃子である。餡に用いる食材や調味料は、母の作っていたものを妻が受け継ぎ、さらに私が子供の声も聞いて手を加えたものだ。キャベツやたまねぎの自然の甘さでお子さんも食べやすい。あなたに家族がいらっしゃるのなら、作って差しあげれば喜ばれるし、あなたが独身なら、彼氏、彼女に作って差しあげれば驚かれること間違いない。

余談だが、たまねぎをみじん切りにするのは、目が痛くなるので私は苦手だ。それゆえ、ゴーグルをつけて切る。それでも痛い時は、目を細める。家族には笑われているが、私にとってゴーグルは必需品である。フードプロセッサーは水分が出るのであまり使わない。このように私の包丁の腕前はひどいものだが、ご紹介した手作り餃子はおすすめなのでぜひお試しください。

「宇都宮餃子」と「浜松餃子」の 一口まとめ

□ 公にされている家計調査による餃子支出金額は、その町における餃子支出の一部分しか表していない。

□ 「浜松餃子」の多くの店では焼餃子のみを提供しているが、「宇都宮餃子」の店では焼餃子だけでなく、水餃子も提供している店が多く、加えて揚餃子も提供している店が相当数ある。

□ 「宇都宮餃子」と「浜松餃子」は、ともに野菜がたっぷりと入っているものが多いので女性にもおすすめ。

厳選おすすめ店【3】

厳選原材料で作られた「洋菓子」の取り寄せができる2店をご紹介！

この本をご覧になっている方の中には、アレルギーがあったり、ダイエットをしていたりなどのさまざまな理由によって、吟味した材料で作られた食べ物を摂《と》っていらっしゃる方も少なくないと思う。そのような方々に、香料、着色料、保存料などの添加物を使用せずに、厳選した原材料で「洋菓子」を作る二つの店があるのでご紹介したい。ただ、価格は高めである。しかし、使われている原材料と味わいを考えると、コストパフォーマンスを重視する私でも十二分に納得できる値段だ。両店ともネット注文による宅配便での取り寄せが可能なので便利でもある。

最初にご紹介するのは、札幌市の「自然素材の菓子工房 ましゅれ」である。有機

ＪＡＳ認定小麦、無添加自然卵、ミネラルシュガーなどの無農薬・無添加食材を用いてケーキやパンなどを作っている。それらの中で特におすすめするのは「雪ん子ティラミス」だ。マスカルポーネチーズとオーガニックコーヒーのバランスがよく、素材そのものの味わいを楽しめる。

次にご紹介する店は、東京の「T. SWEETS. LABO.」。この店のスイーツの特徴は、小麦粉を使用せずに国産米粉１００％を用いているので、グルテンフリーであることと、白砂糖を使わずに糀《こうじ》、粗糖、ハチミツなどで甘みをつけていることだ。おすすめ「スイーツ」は、上層がレアで下層がベイクドのチーズケーキの「極醸フロマージュ」である。ミ

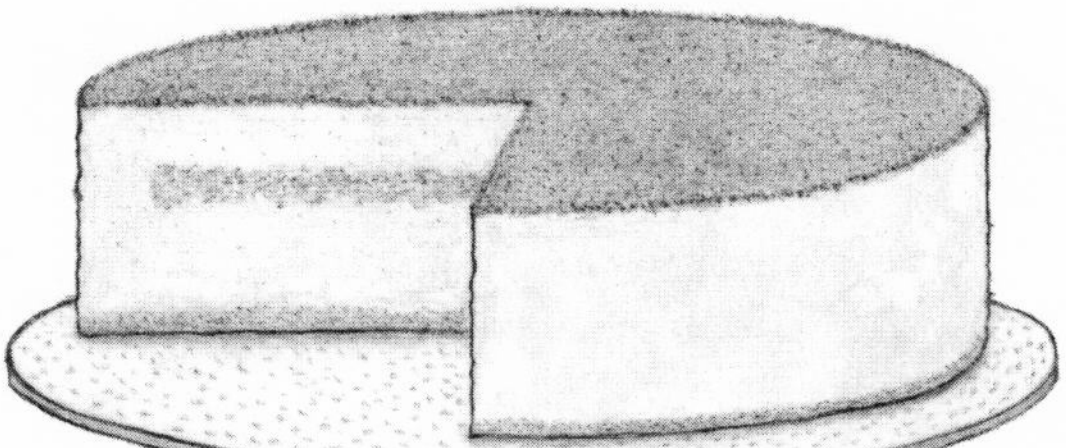

「自然素材の菓子工房 ましゅれ」の
「雪ん子ティラミス」

ルクをしっかりと感じつつも、さっぱりとして爽やかな味わいだ。

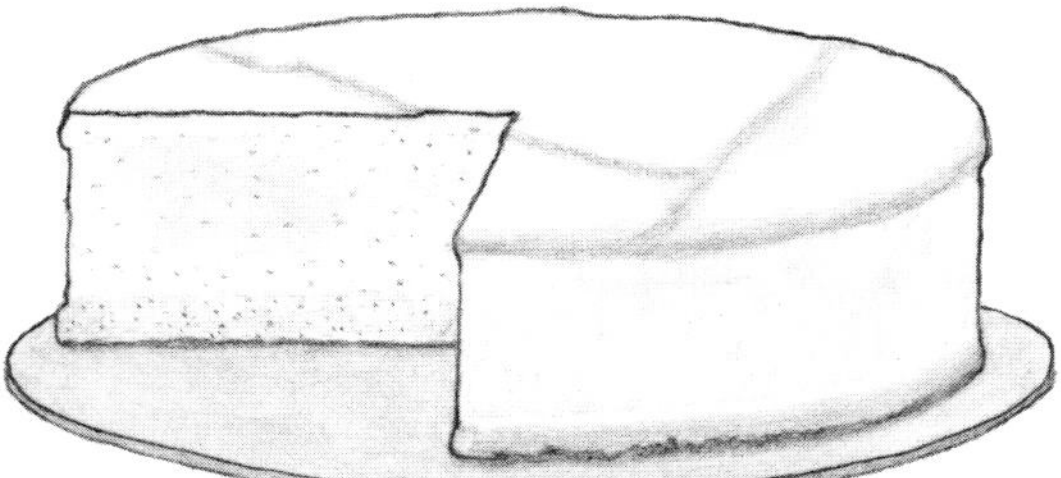

「T.SWEETS.LABO.」の「極醸フロマージュ」

厳選おすすめ店【4】
信州から「そば」の2店をご紹介！

私は、社会人になってから自然が豊かな信州へたびたび出かけていた。穂高連峰や槍ヶ岳へ登ったこともある。登山したのは若い頃だが、『ヒー！ ヒー！』と言いながら頑張っていた。登山道のところどころにある湧き水のおいしさが格別であったことをよく覚えている。こうした折に、そばをいただくことも楽しみの一つだった。というわけで、信州からおすすめの「そば」店をご紹介しようと思う。

最初におすすめするのは、北アルプスへの玄関口の松本にある「浅田《あさだ》」だ。店の石臼で挽くそば粉を熟練の技で打つ「そば」は卓越した味わいである。「そば」の香りや味を存分に楽しめる。店内から望める美しい庭を見ながらの食事は心が和らぐ。ただし、こちらは純粋に「そば」を味わう店で、ご飯もの、天ぷら、うどんを提供しておらず、メニューがごくわずかであることをおわかりいただいたうえでご訪問いただきたい。また、「そば」が売り切れると閉店することもご承知ください。そして、マスメディアには出ないことを申し添えたい。

もう1店は、日本三大そばの一つにあげられる「戸隠《とがくし》」からご紹介する。店名は「そばの実」。戸隠において収穫された「そば」の実を店の石臼で挽き、ミネラル豊富な戸隠の伏流水を用いて「そば」を打つ。このようにして打たれた「そば」は本物の味である。こちらも「そば」が売り切れると閉店するのでご注意いただきたい。店は大自然に包まれており、木々を眺めながらとる食

「浅田」の「十割そば」

事は、別世界にいるような心地がする。公共交通機関はバスになるが、時間をかけても訪れる価値のある店だ。

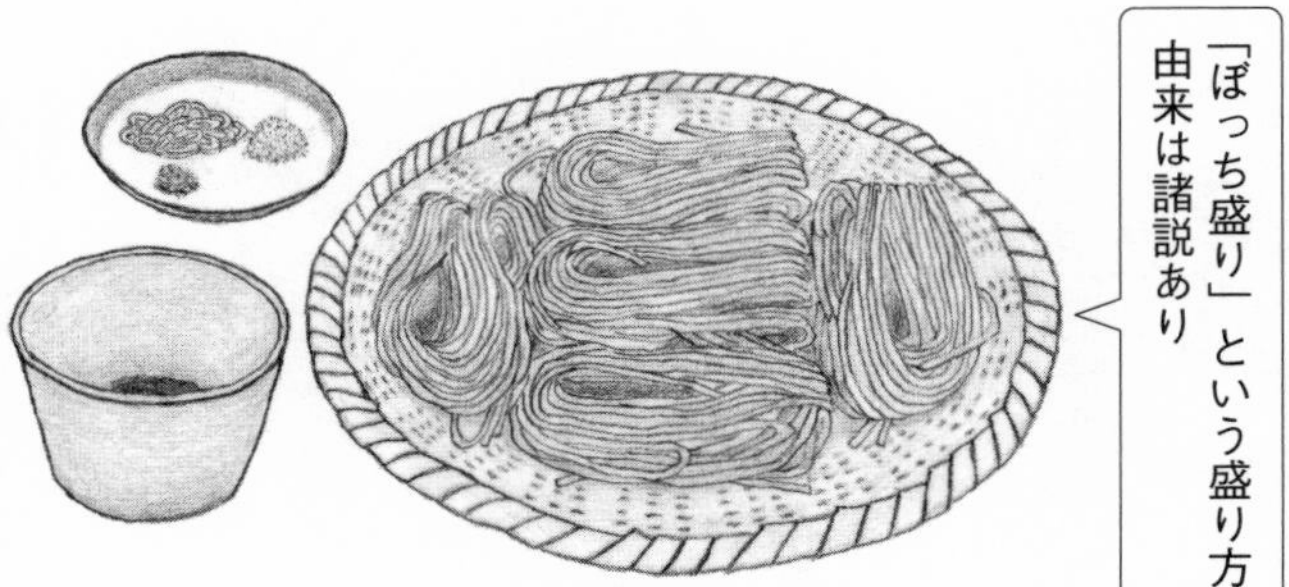

「そばの実」の「ざるそば」

グルメカ上級編

1．「半殺《はんごろ》し」という物騒な名前の調理法で作られた食べ物とは？

あなたは「半殺し」という物騒な名前がつけられた調理法をご存知であろうか？

料理に精通しているのであればご存知であろうし、そうでなければご存知ないかもしれない。しかし、身近にも「半殺し」で作られた食べ物があり、特別な調理法ではない。

「半殺し」とは、「うるち米（普通の米）」「餅米」などを炊いた後に、半分程度つぶすことをいう。餅はなめらかになるまでつくが、粒が残る程度につぶすのが「半殺し」である。食感はつぶつぶしているが、もちもちもしている。

私はこの「半殺し」の食感が大好きだ。「半殺し」が聞き慣れない言葉ゆえに「グルメ力上級」のテーマとしたが、「半殺し」の食べ物や料理はおすすめである。このテーマの中に二つの店舗をご紹介しているので、あなたにもぜひお召しあがりいただければと思う。

「半殺し」という言葉を、東北地方に居住の方がテレビで、方言とおっしゃっているのを聞いたことがある。私は、東北地方に縁のない母が「半殺し」と言っているのを聞いていたので、方言でないだろうと思い調べた。

そうしたところ、**「半殺し」は全国の多くの地域で使われてきた言葉であることがわかった。ゆえに、方言ではない。**次第に使われることが少なくなっている言葉だが、昭和時代までは家庭においても使われていた。

家庭で「半殺し」をするには、今は餅つき器の普及によりこれを用いることも多いが、以前は炊いた餅米やうるち米を「すり鉢」に入れるか、炊いた釜に入れたまま、「すりこぎ」や「れんぎ」でつぶしていた。

「半殺し」の調理法をお伝えしたので、これから「半殺し」で作られたいろいろな食べ物や料理をご紹介しようと思う。ある時には餡《あん》をまぶし、そして、ある時には「たれ」をつけ、はたまた、鍋料理にもするので、いろいろな味わいを楽しむことができる。あなたの好みの食べ物や料理をぜひお召しあがりください。

はじめにご紹介する「半殺し」で作る食べ物は、「おはぎ」と「ぼたもち」である。

このことをお聞きになって、『「おはぎ」と「ぼたもち」が「半殺し」で作られているの?!』と、驚いている方も多いのではないだろうか。「半殺し」で作るのは、「おはぎ」や「ぼたもち」の生地の部分だ。また、地域によっては調理法だけでなく、「おはぎ」や「ぼたもち」そのものを「半殺し」と呼ぶところもある。ただ、「おはぎ」や「ぼたもち」の中には「半殺し」でなく、餅のように完全につくものも、反対に全くつぶさないものもある。

「おはぎ」「ぼたもち」は、「うるち米」や「餅米」を炊き、「半殺し」にし、「小豆の粒餡」や「小豆のこし餡」で包んだり、「きな粉」をまぶしたりして作る。また、「ささげという豆で作った餡」や「そら豆で作った餡」などで包んだり、「ごま」「えごまを炒《い》ってすったもの」「青のり」などをまぶしたりもする。

「おはぎ」と「ぼたもち」の呼び名は地域によってさまざまである。「小豆餡」で包んだものや「きな粉」をまぶしたものなどのすべてを「おはぎ」という地域。「小豆餡」で包んだものや「きな粉」をまぶしたものなどのすべてを「ぼたもち」という地域。「小豆餡」で包んだものを「ぼたもち」といい、「きな粉」をまぶしたものを「おはぎ」という地域。「小豆餡」で包んだものを「おはぎ」といい、「きな粉」をまぶしたものを「ぼたもち」という地域などがある。

次に名前の由来をご説明したい。まず、「おはぎ」はつぶつぶした見た目が萩の花のようなので江戸時代に「萩の花」といわれ、その女詞《おんなことば》として「おはぎ」といわれるようになったとするのが通説だ。そして、「ぼたもち」の名前の由来には諸説あり、牡丹に形や色が似ているので「牡丹餅」といわれ、それが「ぼたもち」になったとする説、萩の別名が「ぼた」であることから「ぼたもち」といわれるようになったとする説などがある。

「おはぎ」と「ぼたもち」の名前の由来にまつわる話で、まことしやかに語られている一つの説がある。それは、萩は秋に咲く花なので秋の呼び名が「おはぎ」であり、牡丹は春に咲く花なので春の呼び名が「ぼたもち」であるとする説だ。確かに江戸時代末期以降の文献にはこのような記述が見られるが、江戸時代の大半の文献にこうした記述は見られず、この説は文献などの裏づけに乏しいものと私は考えている。

ここからは、「おはぎ」や「ぼたもち」のように全国的に食べられていないが、各地において食べられてきた「半殺し」の食べ物や料理があるので順にご紹介したい。

一つ目は、**本州中央の山間部の広い地域において食べられている「五平餅《ごへいもち》」である。「五平餅」は、長野県南信地方・木曽地方、岐阜県東濃地方・飛騨地方、愛知県三河地方北部、富山県南部、静岡県遠州地方北部・駿河地方北部、山梨県北西部における郷土料理だ。**名前の由来には諸説がある。それらの一つをお話しすると、神前に供えられたり祭祀《さいし》で用いられたりする「御幣《ごへい》」に形が似ているから「御幣餅《ごへいもち》」といわれ、それが「五平餅」になったとするものだ。

「餅」という名前だが、「餅《もち》米」ではなく「うるち米」を使うのが一般的である。ただ、ところによっては「うるち米」に「餅米」を加えて作る。作り方は、うるち米を炊き、「半殺し」にして、「ひのき」「さわら」「杉」などの木や「竹」で作った串につけ、軽く焼き、たれをつけ、再度焼くのが一般的だ。たれをつけて焼いたときの香ばしい匂いが食欲をかきたてる。たれは「くるみ味噌だれ」「ごま味噌だれ」「ごま醤油だれ」「ごまくるみ醤油だれ」「えごま（あぶらえ）味噌だれ」などがある。形は「わらじ型」とお思いの方が多いと考えるが、他にも「団子型」「めがね型」「たんぽ型（ちくわ型）」「小判型」などがある。また、串につけない「おにぎり型」もある。いろいろな形の「五平餅」の絵を次ページ以降に掲載したのでご覧いただきたい。

「五平餅」が味わえる店として、岐阜県恵那市の「あまから本店」をおすすめする。恵那市は江戸時代に中山道大井宿として栄え、現在に至っている町だ。「あまから本店」は「団子型」の「五平餅」を提供する専門店である。ごま、醤油、挽いたくるみ、砂糖によって作られたたれで味つけされた「五平餅」は、口当たりがつぶつぶで心地よく、何本も食べたくなる味わいだ。また、食べる時、団子型なので口のまわりにた

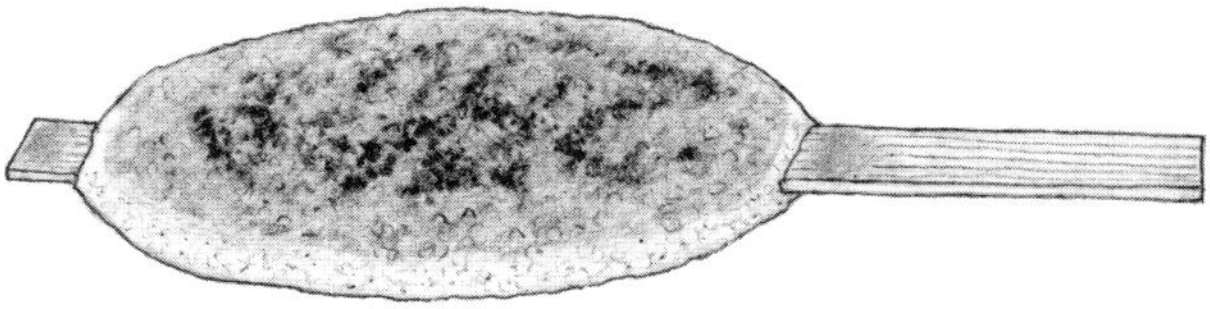

わらじ型の五平餅

めがね型の五平餅

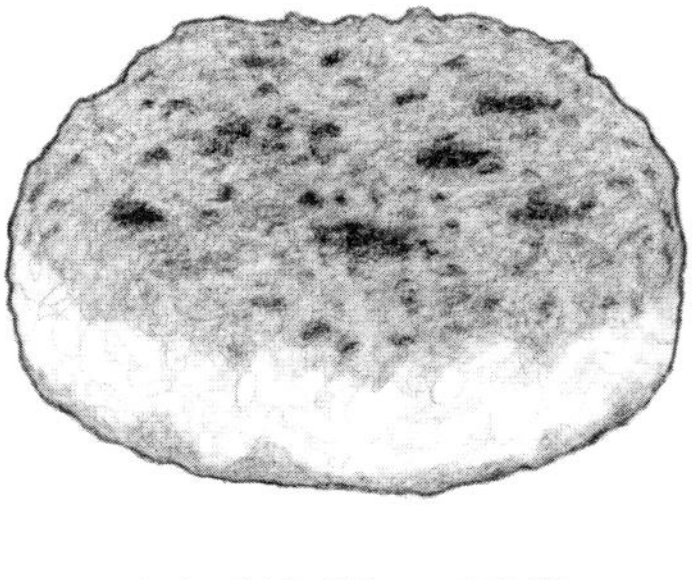

おにぎり型の五平餅

れがつきにくく、子供も食べやすい。

続いて**ご紹介する「半殺し」の食べ物は、秋田県の郷土料理として有名な「きりたんぽ」と「たんぽ」だ。**「たんぽ」と「きりたんぽ」の名前の由来には諸説あるが、「たんぽ」は形が槍の穂を包む「たんぽ」に似ているからで、「きりたんぽ」は「たんぽ」を切ったものとするのが通説である。「たんぽ」は、うるち米を炊き、「半殺し」にし、「秋田杉」などから作った串につけ、「ちくわ」のような形に整え、焼いて作る。

食べ方には、主に二つがある。一つは「鍋料理」であり、その代表が「きりたんぽ鍋」だ。いろいろな作り方があるが、鍋に「比内地鶏《ひないじどり》」などからとった「だし」を注ぎ醤油などで味つけし、「比内地鶏」「ささが

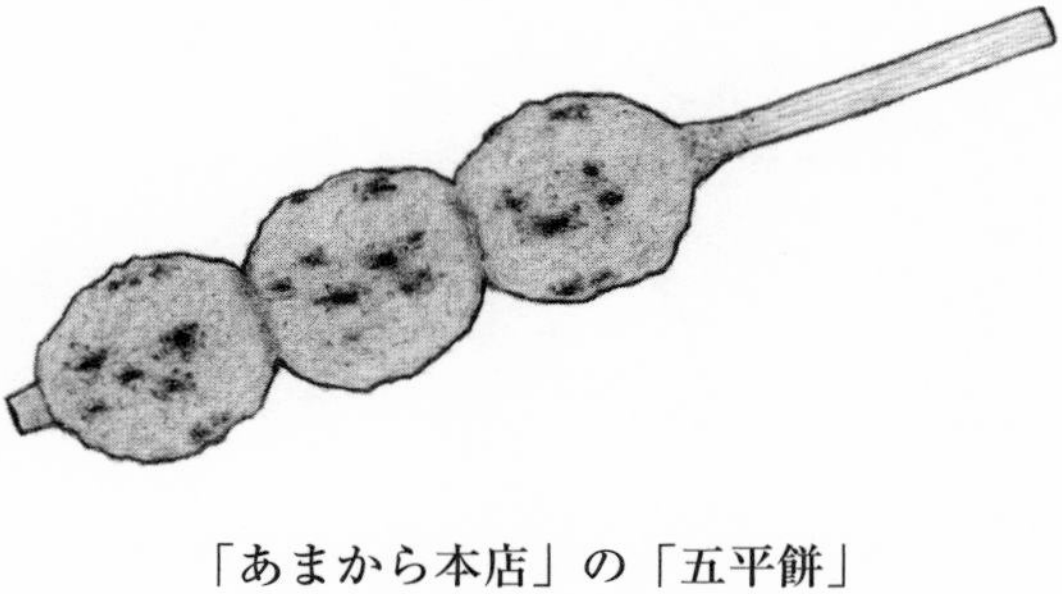

「あまから本店」の「五平餅」

きごぼう」「舞茸」などのきのこ、「しらたき」を入れ、焼いた「たんぽ」を切って加え、最後に「ねぎ」「せり」を入れ、煮て作ることが多い。比内地鶏は秋田県の地鶏であり、味が強く、食感がしっかりしており、また、滋味深いだしもとれる。比内地鶏でとっただしが染み込んだ「きりたんぽ」の味わいは格別である。私は新米の季節になると、「きりたんぽ鍋」を食べたくなる。

「きりたんぽ鍋」のおすすめ店として、秋田県大《おお》館《だて》市にある「元祖むらさき」をご紹介したい。大館市は秋田犬のふるさとである。この店の「きりたんぽ」は「あきたこまち」を使った自家製であり、外側が香ばしくて中はフワリとしている。そ

「元祖むらさき」の「きりたんぽ鍋」

して、他の食材の比内地鶏、野菜、きのこなどにもこだわっており、これらによって作られた「きりたんぽ鍋」は、秋田の風味が溢れている。また、「きりたんぽ鍋」以外にも、「比内地鶏料理」や「ハタハタずし」などの秋田の郷土料理も賞味できる。

「たんぽ」に話を戻し、もう一つの食べ方をご紹介すると、それは「味噌つけたんぽ」(「味噌たんぽ」ともいう)だ。焼いた「たんぽ」にたれをつけるか、焼いてからたれをつけて再度焼いて作る。たれには、「くるみ味噌」「ごま味噌」「さんしょう味噌」「砂糖味噌」などの種類がある。「味噌つけたんぽ」は「たんぽ型の五平餅」と形が似ている。

「半殺し」の食べ物が秋田県には他にもあり、それは県央、県北の郷土料理の「だまこもち」だ。「だまこ」「山もち」ともいわれ

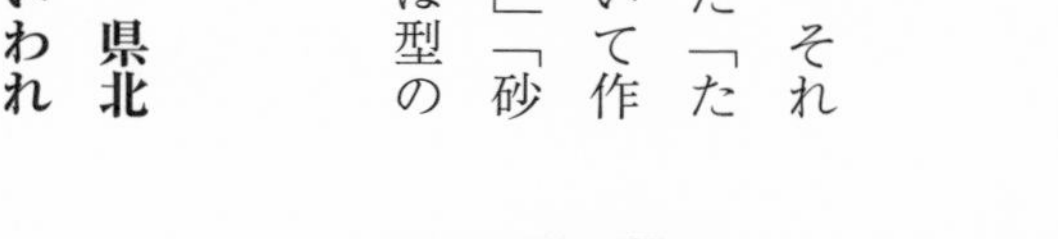

味噌つけたんぽ

る。形が「たんぽ」と異なり、一口大《ひとくちだい》の丸いものだ。「だまこ」とは秋田方言のお手玉のことであり、形が似ていることから、この名前がつけられたようだ。「だまこもち」「だまこ」「山もち」は、「たんぽ」と同様にうるち米を半殺しにして調理する。鍋に入れて食べることが多く、「だまこ鍋」と呼ばれる。「だまこ鍋」を家庭で作る時、「だまこもち」は焼かないのが一般的だ。

福島県南会津地方の南会津町《みなみあいづまち》と下郷町《しもごうまち》にも、「しんごろう」と呼ばれる「半殺し」の郷土料理がある。名前の由来は、「しんごろう」という名前の人が作ったとか、新米《しんまい》の頃合《ころあ》いを見て食べたとか、いくつかの説があるものの定かではない。形は、俵型のおはぎのようなものか、玉子を一回り大きくしたようなものが主だ。作り方は次のとおりである。まず、うるち米を半殺しにし、今お伝えした形に整え、「ひば」などで作った串に刺して焼く。それ

しんごろう

に、福島県で「じゅうねん」と呼ばれる「えごま」を炒ってすりつぶし、味噌、砂糖、日本酒、みりんなどを加えて混ぜた「じゅうねん味噌」を塗って再度焼くと出来あがる。じゅうねんを使った味噌の味わいが特徴だ。

また、**新潟県三条市の下田《しただ》地区辺りにも「ひこぜぇん」という「半殺し」の料理がある。**ただ、家庭で作られることは少なくなっている。また、提供する店舗も少ない。「ひこぜぇん」は非常に珍しい名前であり、他では耳にしたことがない響きである。人名の「彦左衛門《ひこざえもん》」が訛《なま》って、「ひこぜぇん」という名前になったとの情報もあるが、明確な由来はわかっていない。私は由来を知ろうと現地へ出向き、下田地区に長年住んでいらっしゃる方々に尋ねたが、残念ながら何の情報も得られなかった。

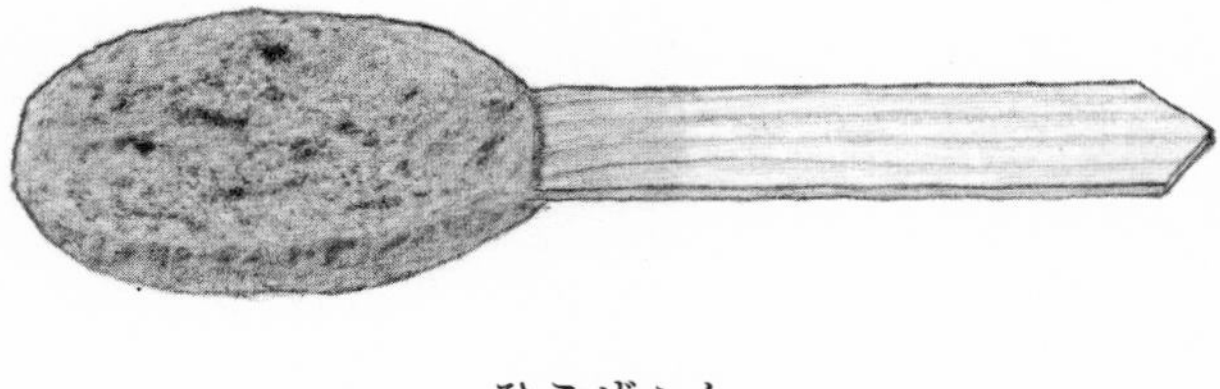

ひこぜぇん

次に作り方をご説明すると、半殺しにしたうるち米を「わらじ」に似た形にして串につけて焼き、この地区で「いぐさ」と呼ばれる「えごま」、味噌、砂糖、日本酒、みりんなどで作った「いぐさ味噌」といわれる味噌だれを塗り、再度焼けば出来あがる。「ひこぜぇん」は、形が「わらじ型の五平餅」と似ている。「ひこぜぇん」を食べる下田地区と、先ほどご紹介した「しんごろう」を食べる福島県南会津地方は、越後山脈をまたぐ「八十里越《はちじゅうりごえ》」の西側と東側に位置している。

ご覧のとおり「半殺し」について詳しくお伝えした。昔、米が貴重な時代、これらの料理や食べ物はご馳走であった。

お召しあがりになる折は、米の「うま味」や「甘味」と、つぶつぶ、もちもちした食感をぜひご堪能ください。そして、「五平餅」「味噌つけたんぽ」「しんごろう」「ひこぜぇん」は焼きたてをお召しあがりになると、香りがよく、食感もやわらかい至高の味わいを満喫できるのでおすすめだ。

「半殺し」という調理法の
一口まとめ

□ 「半殺し」とは、うるち米（普通の米）、餅米などを炊いた後に、半分程度つぶすことをいう。

□ 調理法の「半殺し」という物騒な名前は、全国の多くの地域で使われてきた言葉であり、方言でない。

□ 「半殺し」で作った食べ物は、米の「うま味」や「甘味」と、「つぶつぶ」で「もちもち」した食感が味わえる。

2. 店で売られている「みたらし団子」の「団子の数」は、地域によって違いがある？

「みたらし団子」は、「団子」を串に刺し、軽く焼き、「たれ」をつけて作るのが一般的だ。団子は、うるち米（普通の米）を挽《ひ》いた粉（上新粉、新粉、米粉など）で作ることが多く、餅米を挽いた粉（餅粉）や小麦粉なども入れることがある。また、団子そのものに砂糖を加えた甘い味つけのものもある。使う材料によって、団子の風味や食感に違いがでる。たれは、醤油、砂糖を主に作るが、たまり、みりん、だし、黒砂糖、ザラメなどを入れることもある。味わいは、「とろみ」のある甘めの醤油味が一般的だが、とろみや甘さのない醤油味もある。とろみは、片栗粉や葛粉などでつける。

このように「みたらし団子」は味わいがさまざまだが、「団子の数」もさまざまだ。全国で団子の数を見てみると、「4個」「5個」「3個」のものが多く、これら以外にもいろいろな数のものがある。

私は前著を執筆している折、東京、大阪、名古屋について調べていく中、「団子の数」が3都市で違うことに気づく。この「団子の数」が他地域で何個なのかを知りたいと思い、対象地域を全国に広げて調べ直すとともに、文献も調べた。

その結果、**「団子の数」は作っている和菓子店、甘味店がそれぞれ独自に決めているものの、地域によって違いのあることがわかった。**調べた内容をあなたにお届けしたいと考え、テーマとして取りあげた。

どの地域で何個の「みたらし団子」が食べられているのか？

全国各地の「団子の数」をご紹介しようと思う。

「団子の数」は、「みたらし団子」の誕生から現在に至るまでのいきさつと深く関係しているので、文献を示しながらお伝えしたい。味わいに直接関係のないテーマゆえ「グルメ力上級」としたが、「みたらし団子」物語としてもご覧いただけるので、数に興味のない方も読み物としてお楽しみいただければと思う。

はじめに発祥からご説明したい。

「みたらし団子」の発祥は、京都の「下鴨《しもがも》神社（正式名称は「賀茂御祖《かもみおや》神社」）」と思われる。下鴨神社は平成6年（1994年）に世界文化遺産に登録された由緒あるお社《やしろ》である。神社の境内には「御手洗池《みたらしいけ》」があり、御手洗祭《みたらしまつり》の「足つけ神事」、立秋前夜の「矢取《やとり》神事」、葵祭《あおいまつり》の「斎王代《さいおうだい》の禊《みそぎ》の儀」といった祓《はらい》の神事が行われる。この御手洗池には水が湧き、土用の頃になると特に多く湧き出ていた（今は水が湧き出なくなった）。**土用にとり行われる御手洗祭の折、御手洗池に湧き出た水の泡をかたどったとされる「団子」をお供えし、夏を無病息災で過ごせるようにお祈りして、いただいた（食べた）のが「みたらし団子」の起源とされる。**「みたらし団子」は室町時代にはすでに食べられていたと思われ、大変歴史のある食べ物である。

「みたらし団子」は、いろいろな文献に記述がある。それらの文献の一つに、江戸時代前期の延寶5年（1677年）に刊行された『出來齋京土産』がある。「下賀茂《しもがも》」の項目に「みたらし団子」の記述があり、現代語訳すると『みたらしだんごは細き竹串に刺して、土で作った炉に並べられているのは、（以下略）』となる。その挿し絵に、竹串に刺した団子を炉に立てて売っている様子が描かれている。鳥居も描かれており、下鴨神社の参道と思われる。また、同じく江戸時代前期の明暦4年（1658年）に刊行された『京童《きょうわらべ》』にも、串に刺した団子を売っている挿し絵が描かれている。二つの文献に描かれている団子はともに大変小さいが、虫めがねで拡大してみると、「団子」の数」は5個であることがわかる。ただ、これらの文献に描かれている「みたらし団子」の味つけは不明であり、団子を焼いただけのものかもしれないし、何らかの調味料がつけられていたのかもしれない。

このように、当時の団子の数は5個であったと思われる。団子の数が5個であった理由には諸説がある。人の五体とする説や、鎌倉から室町へ移る時代に後醍醐天皇が下鴨神社へ行幸した折、御手洗池に5個の水泡が湧いたからとする説などあるものの定かでない。

また、名古屋の歴史を綴った『名古屋市史』（1979年発行）にも「みたらし団子」の記述がある。その内容をわかりやすく書き直すと、『みたらし団子は京都の賀《か》茂祭《もまつり》の折に売られ始め、次第に諸国へ広がっていった。団子は串に刺され醤油をつけて焼かれたものであり、江戸時代の享保年間（1716年～1736年）に名古屋でさかんに売られていた』となる。「賀茂祭」は下鴨神社と上賀茂神社の例祭の葵祭のことであり、京都三大祭の一つである。「みたらし団子」は京都から各地に伝わり、江戸時代中期には名古屋でも食べられていたと思われる。また、味つけにも言及しており、醤油が使われていたようだ。

「みたらし団子」誕生のいきさつなどをお伝えしたので、これから本テーマで取りあげた「団子の数の地域による違い」についてお話ししたい。なお、全国展開している大手食品メーカーの団子は、地域性に関係なく団子の数を決めて販売しているため対象に含めていない。

先ほど江戸時代前期の京都で売られていた団子の数は5個であるとお伝えしたが、当時と同様に多くの店が5個の団子を提供している地域がある。それは、岐阜県と愛知県尾張地方だ。愛知県尾張地方とは、名古屋市を含む愛知県西部地方である。これらの地域では、5個の伝統が現在に受け継がれている。特徴は、団子の形が小振りで丸く、しっかりめに焼くことである。団子を焼いた後、たれをつけて再度焼くのが一般的だ。焼きたては醤油の匂いが香ばしく、団子は弾力のある食感である。ただ、地域で「たれ」が異なり、岐阜県美濃地方と愛知県尾張地方では「甘味」を抑えた醤油味が、一方、岐阜県飛騨地方では「甘味」のない醤油味が一般的だ。飛騨地方では「みだらし団子」と「た」に濁点をつけて呼ぶことも多い。

岐阜県や愛知県尾張地方に隣接している三重県北勢地方、長野県木曽地方も5個の団子が主流だ。そして、愛知県三河地方は5個の他に4個も多い。

では、「みたらし団子」発祥の地と考えられる京都はどうであろうか？

京都では、5個と4個の店が多く、3個の店もあり、他の個数のものもある。もともとの5個の団子を受け継ぐ老舗があるものの、従来のものにとらわれない数の団子を提供している店もある。京都の老舗の「みたらし団子」は、餅のようにやわらかい団子に、たれのたっぷりかけられたものが一般的だ。たれはうすめの醤油味で、甘めのものが多い。また、団子の上に「きな粉」をかけるものや、たれが醤油味ではなく「白味噌味」のものもみられる。

京都に隣接する関西地方の**大阪府、兵庫県、滋賀県では、3個、4個、5個が多く、店によってそれぞれだ。**大阪の「みたらし団子」は個数だけでなく、団子とたれの味わいも店によりそれぞれである。

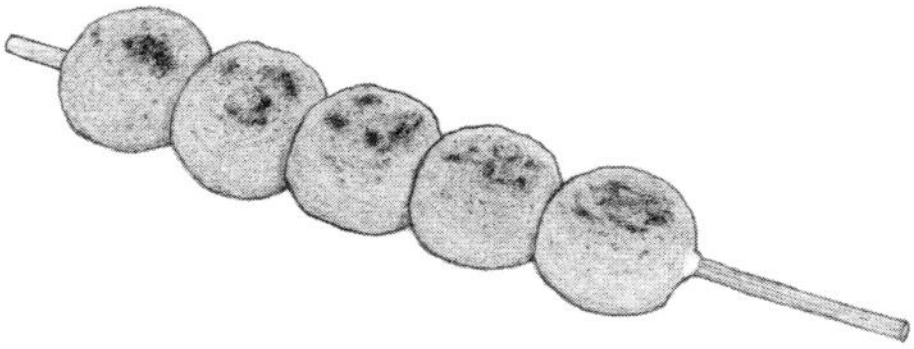

みたらし団子（5個）

次に東京の「みたらし団子」をお伝えしたい。

東京では、4個の店が多い。ただし、5個の店、3個の店、それ以外の店もある。

江戸時代の中期まで、団子の数は全国的に5個で、江戸でも5個であったと思われる。その後、江戸では4個に減ったようだ。減った理由は明治時代における江戸学第一人者である三田村鳶魚《みたむらえんぎょ》の唱えたものが通説となっており、『三田村鳶魚江戸生活事典』に次のように記述されている。「団子の数は（中略）元来五個のものです。（中略）宝暦明和時代には団子も一本五文であったのです」とあり、宝暦明和時代（1751～1772年）の江戸では、1串に団子5個で代金は五文であったと思われる。そして、続く文章に「然《しか》るに明和に四文銭《しもんせん》が出来た為に、五文のものを四文で勘定されて往々損をするところから、団子の数を一つ減らして四個串として、一本四文に売った（以下略）」とある。明和とは元号のことであり、明和五年（1768年）に四文銭が鋳造された。この四文銭は、特に江戸で広く流通した。それまで1串に団子5個を五文で売っていたが、四文銭が使われるようになった

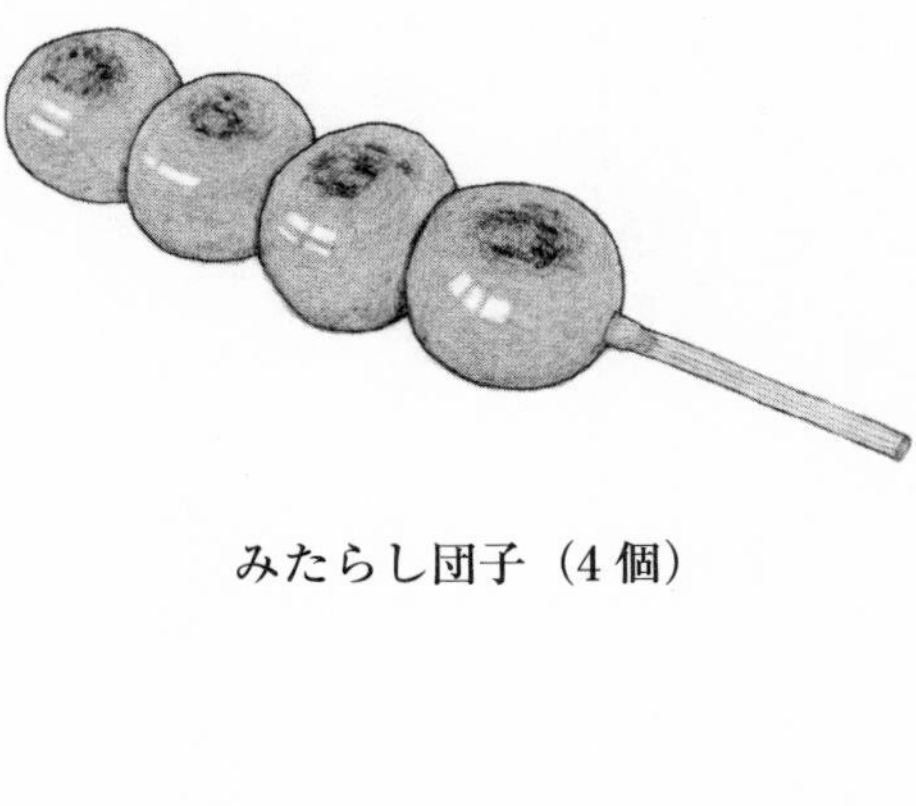

みたらし団子（4個）

ことで1串に団子を4個にして四文で売るようになり、これ以降江戸では4個の団子が多くなったようだ。

このような経緯で、東京では4個の店が多いと考えられる。東京の「みたらし団子」は、上新粉で出来た団子を焼き、とろりとした甘辛い醤油味のたれをからめて作るのが一般的だ。味わいは、もっちりした食感の団子に、甘じょっぱい風味のものが多い。

東京以外で4個の店が多いのは、栃木県以外の関東地方、山梨県、長野県（木曽地方を除く）、静岡県、北陸地方の富山県・石川県・福井県、関西地方の奈良県・和歌山県、中国地方の広島県、四国地方の香川県・愛媛県、九州地方の長崎県である。九州地方の福岡県・佐賀県・大分県・熊本県では4個の店の他に3個の店も多い。

そして、これまでにご紹介しなかった地域は「みたらし団子」を売る店が少ないか、売る店がないところである。ただし、これらの地域においても「焼き団子」「しょうゆ団子」「団子」「串団子」「あやめ団子」などの名前で呼ばれている「串に刺した団子」がある。

ご覧のとおり「みたらし団子」の「団子の数」は地域によって違いがある。お召しあがりになる折は、味わいだけでなく、「団子の数」にも気を留めてもらうと、「みたらし団子」をよりお楽しみいただけると思う。

私は、「みたらし団子」を間食やおやつとしていただくことが多い。ただ、団子の数が3個だと、『う～ん、3個か』と残念に思ってしまう。4個か5個であれば1本でも満足できるが、3個だと、2本食べたくなる。なので、私は4個か5個のものが食べられると嬉しい。

おわりに、**「みたらし団子」の味わいを堪能できる食べ方をご紹介したい。**

団子は主に米を挽いた粉でできているので、作ってから時間がたつとかたくなる。

それゆえ、出来たてが極上の味わいだ。出来たての団子は温かく、たれの風味が豊かである。

「みたらし団子」の一口まとめ

- □「みたらし団子」の発祥は京都の「下鴨神社」とされる。
- □「団子の数」は地域によって違いがある。
- □「みたらし団子」は、出来たてを食べるのがおすすめ。

3．日本酒の「吟醸酒《ぎんじょうしゅ》」「純米酒《じゅんまいしゅ》」「本醸造酒《ほんじょうぞうしゅ》」は、どのような酒？

日本酒の瓶には、「辛口」「中辛口」「淡麗」といった味に関するラベルが貼られている他、「吟醸酒」「純米酒」「本醸造酒」などと記載されているものもある。

では、あなたは「吟醸酒」「純米酒」「本醸造酒」がどのような日本酒であるのかをご存知であろうか？

私は以前日本酒を好きでなかったが、「吟醸酒」「純米酒」「本醸造酒」がどのようなものかを知ったことにより、日本酒を好きになった。これらがどのようなものかわかると、いろいろな日本酒の味わいがわかるようになり、自分の好みのものを探しやすくなる。

これらの酒は、飲食店やホテルでも理解されていないことがある。私の体験談をお話しすると、和食の某老舗で『「純米酒」をいただきたい』と注文したら、「吟醸酒」を提供されたことがあったし、また、某温泉ホテルで『「純米酒」はありますか?』と尋ねたら、「本醸造酒」を提供されたこともあった。

このような経験により、「吟醸酒」「純米酒」「本醸造酒」は世の中にもあまり知られていないことがわかった。それゆえ、これらの日本酒がどのようなものかをお伝えしたいと思い、テーマとして取りあげた。日本酒は誰もが味わう飲み物でないので

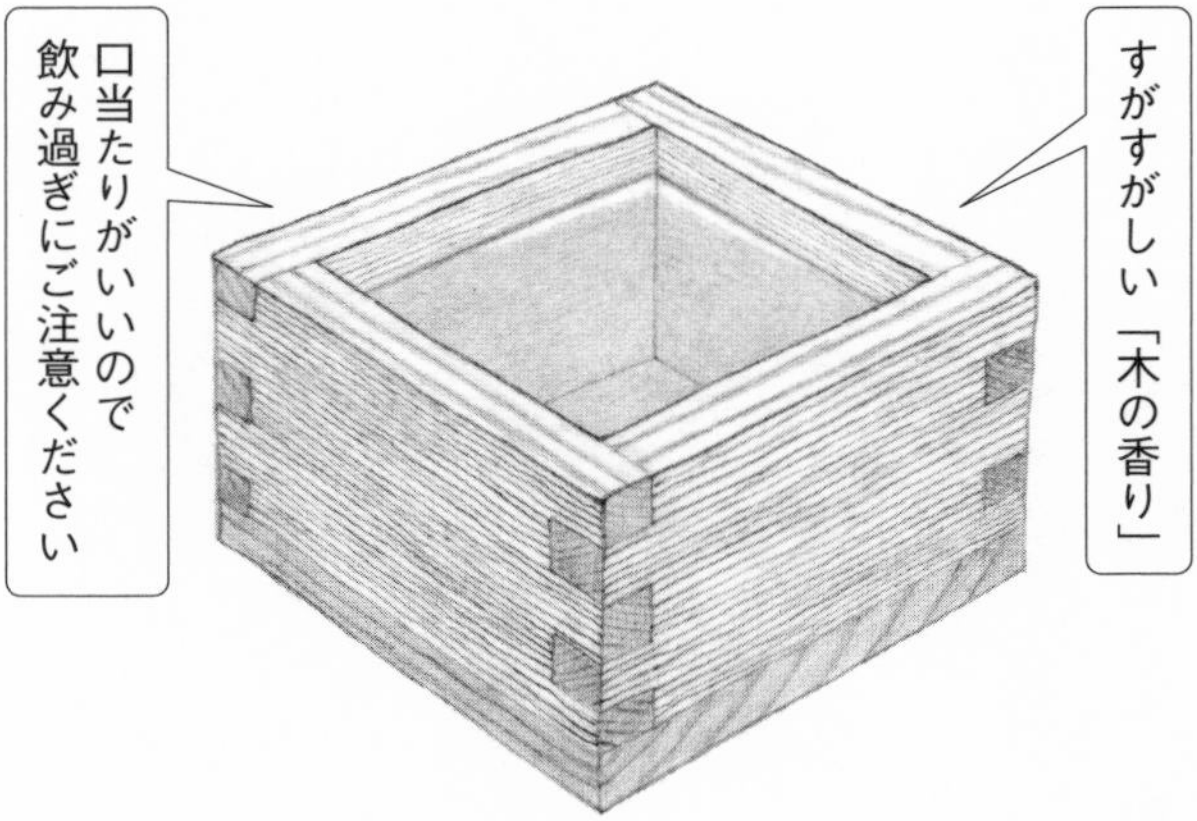

すがすがしい「木の香り」
口当たりがいいので
飲み過ぎにご注意ください

枡酒

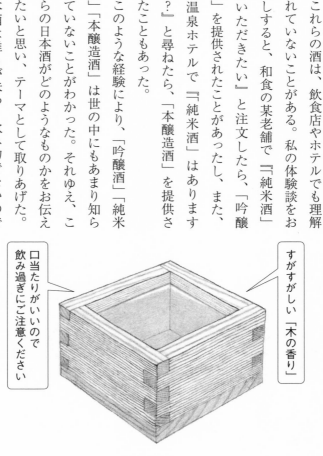

「グルメ力上級」のテーマとしたが、日本酒のことをより詳しくお知りになりたい方、日本酒の味わいの違いをお知りになりたい方、好みの日本酒を探していらっしゃる方はぜひご覧ください。

「吟醸酒」「純米酒」「本醸造酒」をご説明する前に、日本酒の話をさせてもらいたい。日本酒は、米、米こうじ、水などから造られた「醸造酒《じょうぞうしゅ》」である。醸造酒とは、原料を酵母により発酵させて造った酒である。ビールやワインも醸造酒だ。

日本酒はいろいろな飲まれ方をしており、この本の中にも、日本酒と縁が深い食べ物をいくつか掲載している。「いぶりがっこ」は切るだけで用意できるから、自宅で日本酒をちびりちびりやる時の肴として重宝する。うなぎ料理店では、「うなぎの骨せんべい」をつまみに飲みながら、「蒲焼」が出来あがるのを待つのは楽しい。「カニ」の甲羅に「日本酒」を注いで飲む「甲羅酒」は贅沢《ぜいたく》だ。そばを食べる前に、「焼味噌」などを肴にして飲む「そば前」は江戸っ子の風習から始まったと考えられ、そば店でほろ酔い気分になっている人を見かける。このように、日本酒は食生活のさまざまな場面で嗜《たしな》まれ、食文化の一翼を担ってきた。

ただ、**『日本酒は好きだが、冷やして、あるいは、常温で味わうと、ついつい飲み過ぎてアルコールが次の日に残るので飲まないようにしている』とおっしゃる方も多い。もし、あなたもそのようにお思いであれば、水を飲みながらお召しあがりになることがおすすめだ。**この水は「和《やわ》らぎ水《みず》」という。また、チェイサーと呼ぶこともある。日本酒はアルコール度数が高いので、飲み過ぎるとどうしても残りやすい。しかし、水を飲むことにより、体中アルコール濃度が下がるため、翌日に残りにくくなる。私も和らぎ水（チェイサー）を必ず飲むようにしている。ぜひお試しいただきたい。

では、本題の「吟醸酒」「純米酒」「本醸造酒」のご説明をしたい。

日本酒のうち、酒税法で定められた原料や製造方法によって造られたものが「清酒」である。そして、清酒のうち、国税庁告示の「清酒の製法品質表示基準」に定められた要件を満たすものが「特定名称の清酒」であり、所定の要件を満たすものに

「吟醸酒」「純米酒」「本醸造酒」と表示できる。

特定名称には「吟醸酒《ぎんじょうしゅ》」「大吟醸酒《だいぎんじょうしゅ》」「純米酒《じゅんまいしゅ》」「純米吟醸酒《じゅんまいぎんじょうしゅ》」「純米大吟醸酒《じゅんまいだいぎんじょうしゅ》」「特別純米酒《とくべつじゅんまいしゅ》」「本醸造酒《ほんじょうぞうしゅ》」「特別本醸造酒《とくべつほんじょうぞうしゅ》」の8種類がある（これらの清酒をこの本では「特定名称酒」と記述する）。特定名称酒に8種類があるのは、「醸造アルコール添加の有無」「精米歩合《せいまいぶあい》」「香味などの要件」といった原料や製造方法などの違いによる。これらの「醸造アルコール添加の有無」「精米歩合」「香味などの要件」について次にご説明しようと思う。

一つ目の**「醸造アルコール」は日常聞きなれない言葉だが、でんぷん質物や含糖質物から造られたアルコールのことである。**ただし、特定名称酒に添加できる醸造アルコールの量は制限されており、白米の重量の10％以下と定められている。

二つ目の**「精米歩合」とは、削りとった白米の、その玄米に対する重量のことである。精米歩合70％とは、米の外側を30％削るということだ。米の外側や胚芽には、蛋**

白質、脂質、灰分、ビタミンなどが含まれているが、多いと日本酒の香りや味わいが悪くなるので削り取る。

三つ目の「香味《こうみ》などの要件」には、「香味」の他、色とつやの「色沢《しきたく》」、「吟醸造り」がある。**吟醸造りとは、吟醸用酵母を使い、よく精米した白米（精米歩合60％以下）を低温でゆっくり発酵させ、「吟醸香」といわれる芳香を有するように醸造することだ。**吟醸香は「ぎんじょうか」、あるいは、「ぎんじょうこう」と読む。吟醸香には華やかでフルーティーなもの、白ワインを思わせるようなものなど、いろいろな香りがある。

醸造アルコール、精米歩合、香味などの要件をご説明したので、続いて、8種類の特定名称酒の特徴や味わいなどをお伝えしようと思う。なお、特定名称酒を一覧表にして次ページに掲載したのでご参照ください。

表3　特定名称酒一覧表

特定名称	醸造アルコールの添加	精米歩合	香味などの要件
吟醸酒	白米重量の10%以下を添加	60%以下	吟醸造り、固有の香味、色沢が良好
大吟醸酒		50%以下	吟醸造り、固有の香味、色沢が特に良好
純米酒	添加していない	—	香味、色沢が良好
純米吟醸酒		60%以下	吟醸造り、固有の香味、色沢が良好
純米大吟醸酒		50%以下	吟醸造り、固有の香味、色沢が特に良好
特別純米酒		60%以下または特別な製造方法	香味、色沢が特に良好
本醸造酒	白米重量の10%以下を添加	70%以下	香味、色沢が良好
特別本醸造酒		60%以下または特別な製造方法	香味、色沢が特に良好

はじめに、特定名称酒を「醸造アルコール」の観点から見ると、「添加していない特定名称酒」と「添加している特定名称酒」の二つに分けることができる。

醸造アルコールを添加していない特定名称酒は「純米酒」「純米吟醸酒」「純米大吟醸酒」「特別純米酒」の四つだ。これらは、米、米こうじ、水だけで造られている。

添加している特定名称酒は「吟醸酒」「大吟醸酒」「本醸造酒」「特別本醸造酒」の四つだ。これらの味わいは口当たりがよく、すっきりしたものが多い。

次に「吟醸造り」の観点から見たい。「吟醸造り」で造られた特定名称酒は「吟醸酒」「大吟醸酒」「純米吟醸酒」「純米大吟醸酒」である。先ほどご紹介した「吟醸香」といわれる芳香が楽しめる特定名称酒だ。

これら四つの特定名称酒は「精米歩合」によってさらに二つに分かれる。一つ目は「精米歩合」60％以下の米で造られた「吟醸酒」と「純米吟醸酒」だ。固有の香味及び色沢が良好なものである。もう一つは「精米歩合」50％以下の米で造られた「大吟醸酒」と「純米大吟醸酒」だ。固有の香味及び色沢が特に良好なものである。「大吟醸酒」と「純米大吟醸酒」は最高級の日本酒といえる。

ここで、本テーマで取りあげた「吟醸酒」「純米酒」「本醸造酒」がどのような特定名称酒なのかを改めてお伝えしたい。

まず、「吟醸酒」は精米歩合60％以下の米を用いて醸造アルコールを添加し、吟醸造りで醸造された特定名称酒であり、固有の香味及び色沢が良好なものである。

続いて、「純米酒」は、米、米こうじ、水だけで造られた特定名称酒であり、香味及び色沢が良好なものである。

おわりに、「本醸造酒」は精米歩合70％以下の米を用いて醸造アルコールを添加し、造られた特定名称酒であり、香味及び色沢が良好なものである。


ご覧のとおり「吟醸酒」「純米酒」「本醸造酒」を含む8種類の「特定名称酒」を詳しくご説明した。あなたが好みに合う日本酒を選ぶ折の参考にしてくだされぱと思う。

私は家でも飲食店でも、「特定名称酒」のうち、辛口のすっきりした味わいで、手頃な価格のものをいただいている。そして、先ほどおすすめした水（和らぎ水）を飲みながら嗜んでいる。

「吟醸酒《ぎんじょうしゅ》」「純米酒《じゅんまいしゅ》」「本醸造酒《ほんじょうぞうしゅ》」の一口まとめ

□ 「吟醸酒」「純米酒」「本醸造酒」は、「特定名称酒」の一つ。

□ 「精米歩合」70%とは、米の外側を30%削ること。

□ 「吟醸造り」とは、吟醸用酵母を使い、よく精米した白米（精米歩合60%以下）を低温でゆっくり発酵させ、「吟醸香」といわれる芳香を有するように醸造すること。

□ 日本酒は、水（和らぎ水）を飲みながら味わうことがおすすめ。

厳選おすすめ店【5】
東京から「フランス料理」の2店をご紹介！

東京には「フランス料理」の店が多い。その中から、提供される料理や店の雰囲気が異なる二つの店をあなたにご紹介しようと思う。両店ともに某有名グルメブックに掲載されており、味は折り紙つきだ。料金は相応にかかるがコストパフォーマンスは高い。ただ、二つの店は予約が取りづらいので、早めに予約されることをおすすめする。

まずご紹介するのは、六本木に店を構える「Restaurant《レストラン》 Ryuzu《リューズ》」だ。シェフは飯塚隆太氏である。氏はフランスの二つ星や三つ星レストランで修業した後に帰国し、「ラトリエ ドゥ ジョエル ロブション」のシェフに就き、その後こちらをオープンした。提供される料理は、旬の食材を用いた季節を感じるものであり、味わいが繊細だ。

料理はコースのみである。ジョエル ロブションの流れを汲む料理を堪能できる。店内は高級感に溢れ、シックで落ち着いた雰囲気だ。あなたは敷居が高そうにお感じになるかもしれないが、サービス（給仕）が温かくて気持ちよく食事ができるので安心してご訪問ください。

もう1店は、神楽坂の「LUGDUNUM Bouchon Lyonnais《ルグドゥノム ブションリヨネ》」だ。シェフはクリストフ・ポコ氏である。氏は、パリの超高級ホテルの「プラザ アテネ」で腕をふるい、著名料理人のエミール・ダブルディオ氏やガブリエル・ビスカイユ氏に師事した後に来日し、後にこの店を開業した。料理は「リヨン料理」だ。リヨンとはフランス南東部の都市であり、シェフはここで子供時代を過ごした。料理はサラダ、スープ、魚料理、肉料理といった定番のものが主だが、味付けや味わいが大変工夫されている。また、ボリュームもたっぷりだ。店内はリヨンの調度品が用いられ、エレガントでありながら温《ぬく》もりを感じる空間が広がる。アルコールなどの飲み物の杯を傾けながら食事を楽しみ、語らいたいあなたにおすすめしたい店だ。

厳選おすすめ店【6】
名古屋から「フランス料理」店をご紹介！

前の「厳選おすすめ店5」で東京の「フランス料理」店をご紹介したので、名古屋からも「フランス料理」店をお届けしようと思う。

ご紹介するのは、栄と伏見の中間にある「La《ラ》 Floraison《フロレゾン》 de《ドゥ》 TAKEUCHI《タケウチ》」だ。この店も某有名グルメガイドに掲載されている。シェフは竹内正樹氏である。氏はフランスで料理修業後に帰国し、東京や名古屋の有名フランス料理店で腕を振るった後この店を開いた。料理は、旬の食材を用い、フランスの伝統的な手法に最新技術も取り入れた調理法によって作られている。店内は明るくて上品な雰囲気だ。また、オープンキッチンなので、カウンター席からは調理の様子が眺められる。ちょっとオシャレをして、上質な料理をお楽しみになりたいあなたにおすすめの店である。

おわりに

この本をご覧いただいたあなたに改めてお礼を申しあげる。

私は子供の頃地図を見るのが好きで、全国各地の町や名所に行きたいという思いを抱いていたが、子供なので遠くへ気軽に行けるわけではないため、正月休みやお盆休みの折、両親が連れていってくれる旅行を楽しみにしていた。学生時代はお金があまりなかったため、当時人気のあったユースホステルや民宿に泊まりながら、各駅停車の列車に乗って、定食や丼物などを主に食べながら貧乏旅行をしていた。社会人になってからはお金に少し余裕ができたので、旅館に宿泊し、電車は特急を使うようになり、その土地の料理もいただくようになった。そして、転勤によって各地で仕事をし、味わったことのない食べ物や料理に出合った。

その後は、巻頭の「はじめに」でお伝えしたように、全国を訪ね、いろいろな料理や食べ物をいただくとともに、お店の店主さん、オーナーさん、シェフさん、社長さん、女将さん、店員さんから調理法や食材などの話を伺った。こうした会話は楽しかったし、目から鱗《うろこ》が落ちるほどの貴重な情報を拝聴することもあった。

以上のように多くのご支援を頂戴し、この本を完成させることができた。最後になり誠に恐縮だが、お世話になった皆様方に次のとおり改めて厚くお礼を申しあげる。

はじめに京都の下鴨神社（賀茂御祖《かもみおや》神社）様に心より謝意を表したい。こちらのお社《やしろ》でしか聞くことができない「みたらし団子」に関わる史実などをお授けいただいた。

全国和菓子協会様には「桜餅」に巻かれている「桜の葉」の扱いの考え方をご教示いただいた。ご協力に深謝申しあげる。

さきほどお伝えしたように、各地の飲食店様、菓子店様、食品製造会社様、カニ販売店様、酒蔵様からは多くの話を伺うことができた。さまざまな知識や情報をお教えいただき感謝の念に堪えない。

さらに、下鴨神社様、全国和菓子協会様、各店舗様、各会社様には、この本への掲載もご承諾くださり重ねてお礼申しあげる。

また、出版に際して、前2作に続いて本作もご尽力いただいた文芸社様のご関係者にも厚くお礼を申しあげたい。

最後の最後に、力を貸してくれた母、妻、子供達に感謝し、筆を置くこととする。

《参考文献》

『兎園小説』瀧澤馬琴編

『京之華』京都府内務部　１９２６年９月発刊

『日本の風土食探訪』市川健夫著　白水社　２００３年12月15日発行

『嬉遊笑覧《きゆうしょうらん》』喜多村信節著　１８３０年（文政13年）発刊

『江戸ばなし第九巻』三田村鳶魚著　青蛙房　１９６６年発行

『美味巡礼の旅』小泉武夫著　毎日新聞社　２００５年11月25日発行

『秋田大百科事典』秋田魁新報社編集　秋田魁新報社　１９８１年９月１日発行

『名古屋市史 第9巻 風俗編』１９７９年10月23日発行

『三田村鳶魚江戸生活事典』稲垣史生編　青蛙房　１９５９年９月23日発行

『京都故事物語』奈良本辰也編　河出書房新社　１９８３年８月４日発行

『米の文化史』篠田統著　社会思想史　１９７０年７月15日発行

『出來齋京土産』浅井了意著　吉田半兵衛画　１６７７年（延寶５年）刊行

『京童』中川喜雲著　１６５８年（明暦４年）刊行

『日本酒学』公益財団法人日本醸造協会　日本酒サービス研究会・酒匠研究会連合会監修　洋泉社　２０１６年6月17日発行
『日本酒の教科書』木村克己著　新星出版社　２０１０年2月25日発行
『守貞謾稿』喜田川季荘尾張部守貞著　１８５３年（嘉永６年）
『日本の食生活全集』全50巻　農山漁村文化協会編　農山漁村文化協会　１９８４年〜１９９３年

著者プロフィール

平田 陽一郎（ひらた よういちろう）

1953年（昭和28年）、名古屋市生まれ
名古屋大学経済学部経営学科卒業
民間企業に入社後、横浜、三重県、名古屋、神戸、大阪、東京に勤務、居住
東京都在住
著書に『ココが違う！　東京 大阪 名古屋 あなたはどこまで知っていますか?!』（2013年、文芸社）、『続ココが違う！　東京 大阪 名古屋 あなたはどこまで知っていますか?!』（2015年、文芸社）がある

グルメ力《りょく》 あなたはどこまで知っていますか?!

2023年10月15日　初版第1刷発行

著・絵　平田 陽一郎
発行者　瓜谷 綱延
発行所　株式会社文芸社
〒160-0022　東京都新宿区新宿1－10－1
電話　03-5369-3060（代表）
03-5369-2299（販売）

印刷所　株式会社フクイン

ISBN978-4-286-24331-3